La brecha entre tú y Dios

La Brecha Entre Tú y Dios

William Backus

EDITORIAL BETANIA

© 1993 EDITORIAL BETANIA
9200 S. Dadeland Blvd., Suite 209
Miami, FL 33156, EE. UU.

Título en inglés: *The Hidden Rift With God*
© 1990 by *Bethany House Publishers*

Traducido por *Adriana Powell*

ISBN: 0-88113-104-0

Dedicatoria

A Ed Wessling, mi viejo amigo,
cuya brecha con Dios ya ha sido sanada.

WILLIAM BACKUS
es doctor en filosofía, sicólogo y
clérigo luterano ordenado. Es fundador y director del
Centro de Servicios Sicológicos en St. Paul, Minnesota.
Vive con su familia en Forest Lake, Minnesota.
Es también pastor asociado de una iglesia luterana.

El Centro de Servicios Sicológicos recibe pedidos frecuentes de referencias acerca de consejeros profesionales cristianos, que usen la terapia cognoscitiva tal como se plantea en los libros del *Dr. Backus*. El Centro gustosamente incluirá sus referencias profesionales si usted envía un breve resumen de su experiencia en consejería, los antecedentes que lo habilitan, título y su compromiso con la doctrina cristiana en la práctica profesional. En base a esa información, el Centro le remitirá los pedidos de consulta de su área. Por favor incluya su número de teléfono, con el código del área, domicilio y las obras sociales con las que trabaja.

The Center for Christian Psychological Services
Roseville Professional Center #435
2233 N. Hamline
St. Paul, Minnesota, 55113
(612) 633-5290

NOTA DEL AUTOR

Este libro, como los otros que he escrito, contiene muchos ejemplos presentados como casos clínicos. Algunos lectores conocen a mis pacientes y otros han venido ellos mismos a consultarme. Algunos se sentirán inclinados a reconocerse a sí mismos o a sus amigos y parientes, en uno u otro de los casos relatados. Pero en verdad no publico historias reales de pacientes concretos. Estaría traicionando la confidencia. Las he armado modificando detalles y mezclando las historias auténticas. Los relatos son verdaderos en el sentido de que plantean problemas clínicos que existen. Pero no son historias de ningún paciente en particular. Si algunos de los síntomas le parecen suyos, es porque muchas personas tienen conflictos que en alguna manera guardan cierta similitud entre ellos.

Los individuos que se describen en contextos no clínicos a veces son personas reales y en otros casos ficticias.

CONTENIDO

Un aviso importante al lector

En este libro hablaré de dos tipos de brechas o grietas. Y como ambas se entretejen para formar la totalidad del libro, será útil que las identifique claramente desde el comienzo.

El tema básico que voy a tratar es el abismo entre el hombre y Dios. Escribo para aquellos que se sienten confundidos, desilusionados, resentidos y hasta enojados con Dios. Escribo para aquellos que no pueden entender el porqué añoran precisamente las cosas que Dios ha prohibido; por esa razón, en algún lugar de la profundidad de su alma hay un abismo que los separa de Dios y de la felicidad, la paz y el amor que anhelan. Al no poder percibir por qué les han «tocado» esas circunstancias y esas inclinaciones, crece en ellos una brecha que los separa de Dios.

Mi colega Irene Gifford es una de esas personas que luchó con un abismo así. Las circunstancias que tuvo que vivir pueden haber sido más dolorosas y extremas que las suyas... pero voy a dejar que ella misma relate las experiencias que la llevaron hasta el borde de su propio abismo interior.

Paul y yo habíamos sido bendecidos enormemente. Vivíamos en una casa realmente acogedora, cobijada bajo enormes árboles en un amplio terreno, donde podíamos cultivar la mayor parte de lo que consumíamos. La habíamos conseguido al cumplir nuestro primer aniversario de boda.

Nuestros tres hijos eran una delicia, y estaban haciendo la transición de la adolescencia a la adultez casi sin ninguna alteración. Por el tiempo en que uno de ellos estaba en la universidad, el otro se encontraba en el seminario y el tercero estaba casado y viviendo a poco más de un kilómetro de nuestra casa. Cada uno de nosotros había encontrado un espacio satisfactorio en el desempeño de su respectiva profesión. Paul trabajaba en una universidad cercana diseñando equipos de investigación. Estaba realmente dotado para esa vocación. Yo era sicóloga y al mismo tiempo me preparaba para ser ordenada en la iglesia episcopal.

Al atardecer, me mantenía atenta a la llegada de su camioneta azul cuando entraba hacia el garaje. Esa era mi señal para empezar a cocinar las verduras. Paul preparaba la ensalada mientras yo daba los últimos detalles a la cena. Nuestras vidas transcurrían con un ritmo cómodo y feliz.

Buena parte de mi propio equilibrio interior se basaba en el amor y el sostén que me ofrecía este extraordinario hombre protector. *Siempre* nos protegía. Él nunca estaba enfermo pues era realmente fuerte. De pronto, mi mundo se vino abajo.

Primero fue el diagnóstico: Paul tenía una grave afección cardíaca. Entonces entró en un inusual cuadro depresivo.

Un mes más tarde, se pegó un tiro y mi vida se destrozó. Como para aumentar la angustia y el dolor, sus cenizas fueron robadas, por unos ladrones, de la iglesia donde se encontraban.

A pesar del amor y el respaldo que recibía de la familia, los vecinos y mi numerosa familia en la fe, me torturaba con la culpa. ¿Por qué había ido yo a la iglesia esa mañana cuando Paul no tenía ánimo de hacerlo? Yo era sicóloga: ¿por qué no había advertido su inclinación suicida? No había sido capaz de ayudar ni a mi propio esposo.

Después de un tiempo, sin embargo, mi agónica culpa dio lugar a la ira contra Dios. ¿Cómo había permitido que eso ocurriera? ¿Por qué? Paul no merecía esa enfermedad ni la depresión. Mis hijos no merecían haber perdido a su padre, ni yo a mi esposo. ¿Qué clase de «Padre celestial» trataría tan cruelmente a sus hijos?

Habíamos orado juntos, con tanto fervor, pidiendo por su sanidad. Nuestra familia, nuestros amigos —y hasta los amigos de los amigos, en todo el mundo—, habían orado. Pero Dios no había sanado a mi esposo. No había obrado a través de los médicos. Supe luego que hasta el tratamiento médico había sido erróneo. *Todo* había andado mal.

Aun cuando Dios me sostenía y me alimentaba en medio de mi duelo, yo luchaba con Él. El dolor parecía demasiado grande para ser soportado. Oraba menos, porque Dios me parecía indiferente. Durante la lucha que siguió escribí el poema sobre Marta que aparece en este libro.

Escudriñando las Escrituras descubrí que Marta no era mi única compañera en esta situación de extremo dolor, sufrimiento, desilusión y quizás *ira* hacia Dios. Había muchos otros.

Job sintió ese abismo (Job 7.17-21). El salmista lo vivió (Salmo 73.13). Jeremías también lo admitió (Jeremías 20.7), lo mismo que Noemí (Rut 1.20).

Descubrí que escudriñar las Escrituras era sólo el comienzo de mi viaje de regreso hacia Dios. También requirió de largas y pacientes observaciones dentro de mí misma, a la grieta que había permitido que se abriera entre Dios y yo. Después de un largo camino, de mucho tiempo, empecé a sentir otra vez la presencia de Cristo a mi lado, y a entender (como sólo Él puede ayudar a *cualquiera* a entender) que Él nunca se había alejado de mi lado que nunca se había puesto en mi contra, aunque yo lo había acusado de ello en más de una ocasión.

Fue sólo después de mucho trabajo interior y de encontrar el camino adecuado para sanar mi dolor, que la promesa de Dios en Isaías se hizo *real* para mí: «[...]escondí mi rostro de ti por un momento; pero con misericordia eterna tendré compasión de ti, dijo Jehová tu Redentor» (Isaías 54.8).

Sólo haciendo esa travesía interior —trascendiendo la negación, luego el dolor y la ira—, es que puede alguien empezar a cerrar esa brecha que lo separa de Dios.

Parte de mi experiencia se refleja en los poemas que se encuentran en este libro. Los escribí, parcialmente, durante un viaje en canoa que hicimos con la familia este verano, después de la muerte de Paul. Una travesía en canoa que antes siempre hacíamos con él.

Hay otros a quienes me quiero dirigir: aquellos que no han pasado por circunstancias tan dolorosas como las que le tocó vivir a Irene. Me refiero a los hombres y mujeres que están en desacuerdo con Dios respecto a lo que está bien y mal: aquellos que no pueden entender el porqué Dios sigue exhibiendo sus leyes «anticuadas» frente a nosotros, cuando todo el mundo ha adoptado un enfoque más «libre y fácil» hacia la vida.

En la base de todo esto, ya se trate de luchar con las circunstancias o de querer vivir sin condicionamientos, hay un problema común: un escondido abismo que nos separa de Dios.

Este libro está dirigido principalmente a quienes han sufrido de esta enfermedad espiritual —y sí que enferma— y están decididos a terminar con la confusión que la misma provoca en sus vidas.

Dije que este libro no sólo estaba dirigido a dos tipos de personas, sino a dos tipos de grietas. La segunda brecha es la que se produce entre la sicología moderna y el cristianismo. Es lamentable, en mi opinión, que haya este abismo entre ambos.

He aquí uno de los aspectos de esta grieta: los sicólogos seculares analizan los problemas humanos en términos de la causa *material* y sus efectos. Si usted pierde los estribos y le grita a su familia, eso debe atribuirse a los efectos de su crianza o a los síntomas pre-menstruales. Si mata a alguien, se debe a que está trastornado por experiencias infantiles perversas. Si acosa sexualmente a niños en forma reiterada, su conducta se explica por una «adicción sexual». Hay algo de verdad en estas afirmaciones, pero pasan por alto consideraciones espirituales y morales. La miopía materialista arrastra la teoría y práctica sicológica hasta un punto donde una persona reflexiva, que haya meditado en temas espirituales y morales, se puede sentir compelida a optar entre la sicología y la religión.

En el otro lado del abismo entre religión y sicología encontramos algunos bien intencionados escritores cristianos que hablan en contra de una «sicología cristiana». Esta actitud no ha ayudado a cerrar la brecha, pero debemos hacerlo, porque *hay* verdad en ambos lados.

La Biblia enseña verdades acerca de la sicología del ser humano: esto no se puede negar si entendemos que la palabra *sicología* significa «conocimiento acerca del alma o de la mente». Si entendemos así este término, es correcto afirmar que existía una sicología bíblica mucho antes de que naciera la contemporánea. La teología cristiana tiene algo que decir, tanto a la persona que practica terapias sicológicas como al paciente que se beneficia de ellas.

De acuerdo a la enseñanza cristiana no se puede tratar con la conducta humana desviada, como si el ser humano fuera una computadora que está fallando. Hay realidades que, si bien invisibles, ejercen poderosas influencias sobre la conducta. Por ejemplo, una tendencia innata y universal al mal (tal como este se define en los mandamientos divinos) y la existencia de entidades espirituales maléficas y poderosas, como así también la presencia y actividad del Espíritu Santo de Dios.

En efecto, la sicología y la teología cristiana intentan cubrir el mismo ámbito, porque ambas tratan de la conducta humana y sus desviaciones. Me he esforzado durante veinticinco años por entender cómo se conectan las percepciones de ambos campos. Hay muchos problemas. Uno de ellos es el sectarismo que muestran ambos lados. Hay tantas teorías sobre el comportamiento humano y su tratamiento que compiten entre sí, cada uno cuenta con sus adherentes que están plenamente convencidos, de que no hay una manera de explorar, cómo cada una de ellas se vincula con la enseñanza cristiana. Las divisiones entre los teólogos cristianos son a su vez tan abundantes, como las separaciones entre los sicólogos seculares. Nadie puede pretender hablar en nombre de todos los sistemas de sicoterapia ni de todas las escuelas de pensamiento cristiano.

A causa de estos desacuerdos, y por la variedad de posiciones que existen, creo que los lectores necesitan una presentación sumaria de la posición del autor, tanto en asuntos sicológicos como espirituales. Por eso quiero decirles exactamente de dónde parto.

En cuanto a lo teológico, mi trasfondo es evangélico, conservador y escritural. Como luterano practicante considero la Palabra de Dios como verdad absoluta, aunque ningún ser humano puede declarar conocer cabalmente toda la verdad. Como sicólogo escribo desde la perspectiva de la terapia cognoscitiva, que he elegido en parte porque es fácilmente adaptable y subordinable a la verdad cristiana. En relación con la verdad de las Escrituras, la sicología cognoscitiva no es sino un método para comprender cómo opera la mente humana, al procesar materiales, incluyendo en estos a los que le ofrecen las Escrituras.

He vinculado deliberadamente algunos términos bíblicos a sus equivalentes sicológicos. Sin embargo, a veces lo sicológico debe hacerse a un lado para dar lugar a las declaraciones prioritarias de la verdad revelada de Dios. Por ejemplo, la condición humana fundamental no es la ansiedad, ni el complejo de Edipo, ni el desequilibrio en la química de los neurotrasmisores, aunque todos estos hechos existan. La condición esencial del ser humano es su separación de la Fuente, que es Dios mismo. Esta separación fue ocasionada por el pecado del hombre. El pecado, en esencia, se alimenta y realimenta por el engaño instalado en el monólogo interior, en los pensamientos de la mente y el corazón del ser humano. Nos alienamos de Dios contradiciéndolo activamente, cuando discutimos con él acerca de lo que está bien y lo que está mal. En lugar de aceptar su punto de vista, sobre lo que es bueno para nosotros, disentimos con él. Anhelamos y actuamos según nuestra propia opinión de lo que es bueno.

La cura no proviene de la mera introspección, ni de la desensibilización, ni de sanar los recuerdos, ni de traer lo inconsciente al consciente, ni de aumentar la racionalidad, ni de encontrar la verdadera identidad, aunque estas u otras técnicas puedan ser de ayuda. La cura está en el gratuito don de la justicia de Dios ganada a nuestro favor, cuando Jesús se ofreció a sí mismo por nosotros. Obtenemos este don por gracia mediante la fe. Sólo esta justificación nos vuelve a acercar a Dios. Es la forma de volver a conectarnos con nuestra Fuente y de renacer a la vida. La fe se construye afirmando y reafirmando la verdad en el diálogo interior, en otras palabras, diciéndonos la verdad a nosotros mismos. Tanto la justificación como la fe vienen de Dios, no de nuestros propios esfuerzos. En cambio *la expresión concreta* tanto de la justicia, como de la fe, requiere de un enérgico compromiso y esfuerzo de nuestra parte.

Esto me trae a la razón que me llevó a elegir el título de este capítulo introductorio: «Un aviso importante...» Aunque este libro no es un «Manual para alcanzar la plenitud», se propone ser de ayuda para encontrar esa plenitud interior, que consiste en la paz con Dios en el nivel más profundo. La razón por la que quería que leyera esto antes es la siguiente: Un consejero o un autor puede ayudarle a encontrar el camino, pero es usted quien tiene que recorrer el camino paso a paso hasta la meta. El *trabajo* es suyo.

Si lo ha entendido, no deje de hacerlo.

Fragmentos

Cuando en su desesperación
   decidió morir de forma tan violenta,
Con ello también hizo añicos mi corazón.
Todos los pedazos de mi vida
   yacen a mis pies
   como fragmentos averiados.
Voy pues a recoger estos pedazos
   uno a uno
      y los voy a analizar,
para tratar de saber si hay algo que tenga
   forma o continuidad;
         buscaré rastros de Dios, si los hubiera,
            para armar mi vida
               otra vez.

¡Cómo oscureció el Señor
en su furor
   a la hija de Sion!

El Señor se les volvió enemigo
   y peleó contra ellos.

UNO

CUANDO SE HUYE DE AQUEL QUE NOS AMA

Juan se despertó en una habitación maloliente y congelada. Durante la fiesta alguien había destrozado un vidrio, pero eso poco importaba, porque ya hacía una semana que habían cortado la calefacción. Sus últimos pesos los había gastado en el «crac» y la tequila, y en alguna otra bebida barata que había servido para animar la juerga de la noche anterior.

Cuando trató de incorporarse sintió la cabeza, como si alguien se la hubiera partido con un hacha. El hedor de cigarrillo viejo lo descompuso y tuvo que ir tambaleándose hasta el baño, donde se dobló en dos, vomitando.

Mientras se ponía agua fría en la cara, Juan comenzó a recordar que hoy era el día de «admitir los hechos». Sus dos compañeros de habitación se habían marchado, tres días antes, llevándose su equipo de música así como otras cosas que pudieran vender para tratar de cubrir los dos meses de alquiler que debían. Había pedido tanto dinero «prestado» a su novia, que finalmente esta le había dicho que más le valdría arrojarse desde un puente. Tenía que irse de ese lugar antes de que apareciera el dueño o la policía. La vida le sabía tan amarga como su boca.

Intentó afeitarse con una hoja seca y fría y luego empacó los pantalones y el suéter en el bolso de gimnasia. Había un solo lugar donde podía ir. Solamente una persona más a la cual recurrir.

Pasó cuatro días viajando «pidiendo botella» y registrando en los recipientes de los residuos de comidas en los restaurantes para hallar algo de comer, luego caminó cinco kilómetros por un camino de tierra a pie. Al fin, la cerca familiar apareció a la vista. Allí estaba la casa y el árbol donde solía treparse. Había alguien rastrillando en el jardín.

Cuando Juan tomó por el sendero de grava, el hombre que estaba bajo el árbol levantó la cabeza y vaciló apenas un instante. Luego dejó caer el rastrillo y corrió hacia el muchacho, el rostro encendido de alegría y los ojos enturbiados por las lágrimas repentinas.

Juan se sintió envuelto por ese abrazo de oso que no había vuelto a sentir desde que se marchó de su casa, enojado, cuatro años atrás. Enterrando su cabeza en el cabello de Juan, su padre susurró:

—He estado orando para que volvieras.

Juan se puso rígido y se apartó.

—Sólo necesito de un lugar donde pueda tirarme, algo de dinero y nada más. Luego me pondré en marcha.

—¿Qué te parece si dejamos pasar un momento antes de hablar sobre esto? Entra y descansa. Mamá tiene un enorme trozo de carne para azar en el refrigerador. Después que hayas comido y dormido, podremos conversar. ¿Qué te parece? —respondió pacientemente su padre.

—Hay una cosa que quiero aclarar desde el principio —dijo fríamente Juan—. Sé que hay lazos que aún se conservan por mi nombre. Esa es la *única* razón por la que estoy aquí. No quiero discutir mi estilo de vida, no quiero escuchar sermones. Tú y mamá tienen sus ideas y yo tengo las mías. No voy a quedarme más tiempo de lo necesario. Esta quizás sea tu idea acerca de lo que puede ser una «buena vida», pero yo no quiero protagonizar una nueva versión de *«La casita en la pradera»*, ¿de acuerdo?

Mientras subían las escaleras hacia la puerta de la cocina, el padre puso suavemente la mano en el hombro de Juan.

—Está bien, hijo. Eres bienvenido para quedarte el tiempo que desees. La laguna está repleta de róbalos. Quizás podamos ir de pesca y charlar, como hacíamos antes.

—No me interesa —dijo sacudiéndose la mano del hombro—. Ya te dije cuando me marché que no necesito de tu *charla*. Y que no te necesito a ti. Sólo quiero lo que me pertenece. Quiero vivir mi propia vida, hacer *mi* camino...

La historia de Juan nos puede parecer dura y amarga. Quizás le sea difícil vincularse con él. Desafortunadamente es una historia que probablemente sea cierta para casi todos nosotros en algún momento, en sentido espiritual. Sin duda el lector puede reconocer una nueva versión de una vieja parábola, la escribí para ilustrar la manera en que a menudo tratamos a la persona que realmente quiere siempre lo mejor para nosotros. Ese es, por cierto, nuestro Padre celestial.

Como Juan, muchos preferimos sufrir el dolor que en parte nos producen otras personas, en parte la misma vida que nos golpea y en parte —si somos honestos— nuestras propias decisiones. Pero hay otros que, *a diferencia* de Juan, no hicimos nada para provocar o merecer el sufrimiento que nos envuelve, como una cuerda que nos lacera el alma. Quizás usted pasa días y noches, en vela, preguntándose qué hizo para merecer *ese dolor, esa pena, esa soledad, ese abandono* o esa desesperante sensación de que *la vida no tiene sentido.*

Sea que el sufrimiento lo haya provocado usted mismo o no, casi siempre hay un sentimiento más profundo aún, que queda enmascarado por los otros. Bajo la pena o la insensibilidad yace una fuerza que quisiera proyectarse y herir a aquello que nos está hiriendo, un reflejo instintivo de ira.

Este reflejo quizás pudiera salvar su vida... si usted fuese un animal. Cuando las garras de acero de una trampa le atraviesan la carne y los huesos, normalmente un animal reacciona en el acto. Enloquecido de dolor arremete una y otra vez, lanzándose contra la trampa y tirando de su propia pata, tratando de detener el dolor y de liberarse. A veces el animal logra en efecto liberarse, pero su propia conducta impulsiva puede hacer que se desangre hasta morir.

Muchos de nosotros alcanzamos ese mismo grado de «éxito». Pensamos que nuestra reacción airada nos está *salvando* del dolor, pero en realidad se torna en la fuerza que, a la larga, hace que muramos lentamente, en sentido emocional y espiritual.

La mayor ironía (y la mayor tristeza) es que cuando esa mano grande que *sí* podría liberarnos del sufrimiento ofrece hacerlo, reaccionamos mordiéndola. Nos comportamos como si el abismo que sentimos entre Dios y nosotros fuera culpa de *Él*. Lo rechazamos y rechazamos su amor, de la misma manera en que «Juan» rechazaba a su padre y lo hacemos en nuestro propio perjuicio.

Lo sé. Hubo un tiempo en el que las circunstancias parecían empeñarse en acabar las cosas tiernas y buenas en mi propia vida. El dolor me inundaba, me cegaba y lancé mi ira precisamente contra aquel que tenía el poder de protegerme del sufrimiento. ¿No era Él acaso el responsable? Aun si es el Gran Sanador, como enseña la Biblia, ¿no era en última instancia el responsable de que yo padeciera dolor?

A mi juicio, mi familia era como el sueño que todos anhelan. Mi esposa y yo teníamos cuatro hijos encantadores, bien educados y sanos y vivíamos una vida cómoda en los suburbios. Orábamos juntos y no faltábamos nunca a la iglesia, aun después que renuncié como pastor de mi iglesia en California, para aceptar una generosa beca de una prestigiosa fundación. Nos mudamos a Minnesota y allí me convertí en un estudiante de sicología, a tiempo completo, encaminado a una nueva y brillante carrera, mientras mi esposa y mis hijos me respaldaban desde los laterales. Me decía: «Dios está en el cielo; todo está en orden en el mundo».

Un día regresé, algo más temprano que de costumbre, de la universidad y entré a la cocina buscando un bocado. Allí, para mi consternación, encontré un libro acerca de cómo obtener el divorcio. Mi esposa me dijo, lisa y llanamente, sin lugar a discusiones, que nuestro matrimonio había terminado.

Fue como un rayo. Aunque habíamos tenido algunas riñas y disputas, nunca había sospechado la profundidad de sus sentimientos negativos. Al parecer, yo no había sabido tomar en serio sus protestas. Pero, ¿cómo había llegado hasta a ese punto?

Desde ese día en adelante, las cosas sucedieron rápidamente. Me pusieron una orden judicial en la mano, conminándome a dejar casi todo lo que consideraba que era mío y mandándome a mudarme. Me sentí catapultado desde ese estado inicial de insensibilidad y aterrizando destrozado en el fondo de mis emociones.

El dolor fue más agudo el último día que pasé en la casa. Mi corazón parecía de plomo. Entré a la casa por última vez, de regreso de las clases, después que mi esposa se había marchado para una clase vespertina. Mis cuatro pequeños hijos lloraban, pero no entendían. Sólo se les había dicho que me iba a mudar y que no iba a vivir más con ellos. Como tantos otros en su misma situación, los niños equivocadamente pensaban que ellos eran los culpables, cuando en realidad los desgarraba el amor hacia los dos adultos que no habían sabido solucionar sus propios problemas. Necesitaban colaborar de alguna manera, de modo que hicieron la «cena».

A pesar de las lágrimas que trataba de contener tuve que sonreír ante esa ensalada «especial». Las niñas habían sacrificado unos trozos de su preciada goma de mascar y la habían mezclado con lechuga y otras verduras. En ese momento, con una extraña sensación, dudé si comerme los trocitos o reservarlos para masticarlos más tarde.

Cuando finalmente me marché por la puerta, con las valijas en la mano, había aprendido que es más fácil *comer* goma de mascar cuando el corazón se te está rompiendo.

Aunque luché contra lo inevitable es muy difícil oponerse a un divorcio. Cuando ya no hubo forma de impedirlo, el divorcio llegó.

Una de mis mayores dificultades fue que había pensado que el divorcio nunca me sucedería a mí. Siempre había creído que si uno se comporta correctamente, se esfuerza y ora, entonces Dios dispondrá que todo marche bien, particularmente en las relaciones familiares. ¿No era acaso una regla de oro que la «familia que ora unida permanece unida»? Mis propios padres se habían divorciado cuando yo tenía cinco años y ese había sido el comienzo de muchas dificultades. Como muchos de los hijos de padres divorciados, me había propuesto hacer todo lo que fuera necesario para tener un buen matrimonio. Habíamos buscado orientación a causa de nuestras peleas. ¿Por qué no funcionaban las «reglas»?

Había tenido confianza en nuestro matrimonio. Sabía que podía lograr que funcionara, siempre me habían sido fáciles las cosas.

¡Había hecho el seminario en un santiamén, había asumido dos pastorados y había ganado el ingreso a una carrera de sicología clínica, donde se admitía apenas al 5% de los que aspiraban! ¡Qué fácil me había resultado ganar una beca de *Wheat Ridge* que pagaba absolutamente por todos los gastos para obtener un doctorado en uno de los más prestigiosos programas del país! Aunque soy una persona que se preocupa creo que nunca imaginé seriamente, que algo malo pudiera ocurrirme a mí. Dicho en pocas palabras, yo le daba gracias a Dios «por no ser como los demás hombres».

No era solamente que mi matrimonio y mi familia hubieran quedado destruidos. Eso ya era doloroso. Pero también en algún sentido, *yo* había fallado totalmente. Me sentía como un inadaptado entre los demás seres humanos. Ellos tenían hogares seguros y familias cálidas donde regresar por la noche. Sin embargo, como yo era un engendro, no tenía a nadie. Me dolía todavía más que mis hijos compartieran la vergüenza, como lo hacen los niños que sufren la humillación del colapso de un hogar. Algunos amigos, bien intencionados, me aseguraban que a fin de cuentas era mejor que me volviera a casar y que tuviera otra familia. Pero yo no lo podía siquiera imaginar. Desde mi perspectiva, no tenía nada por lo cual vivir.

Desde el punto de vista emocional, correteaba de una reacción a otra, como los bolos de un juego. Era cínico. Frío. Culpaba a todo el que pudiera. Hasta culpaba al juez: ¿Con qué derecho un hombre, que nunca había tenido nada que ver conmigo, ordenaba que me privaran de las personas que lo significaban todo para mí y de las posesiones por las que había trabajado tan duro? La angustia reflejada en la mirada de mi hijo de diez años, cada vez que explicaba a los demás que sus padres se estaban divorciando, me ponía furioso. Era un error que él y sus hermanas cargaran con todo ese sufrimiento, cuando no habían hecho nada para provocarlo. Yo deseaba poner las cosas en claro con la ley, con la Corte y con mi esposa.

Ni siquiera la sicología me resultaba de ayuda. Había estudiado consejería, había dominado las teorías sobre la personalidad y había adquirido la mejor instrucción disponible sobre el comportamiento humano. Pero eso no lograba arreglar la situación de mi hogar, ni me reanimaba a mí tampoco. La última viga que me soportaba la habían quitado de debajo de mí.

Antes de continuar mi historia quiero señalar algo, que sólo percibí mucho más tarde. Había cosas que yo mismo había hecho para provocar mi pérdida y mi sufrimiento, y otras que me habían hecho que estaban fuera de mi control. Sin embargo, el hecho de enfocar sólo las cosas *externas* de mi dilema, me impedía prestar atención a lo que sucedía en un nivel más profundo, el del alma. Es en este nivel, dice la Biblia, que se imprime la dirección a los asuntos esenciales o importantes de la vida (véase Proverbios 4.23).

Como no sabía cómo armarme o defenderme en ese nivel espiritual, la confusión se instaló dentro de mí y esa es la oscuridad que más nos debilita. Dios odia el divorcio, eso lo sabía. También sabía que la Biblia declara que Dios es todo amor y que no hace ningún daño. ¿Cómo entonces podía permitir que el mal me destrozara a mí y a mi hermosa familia, sin hacer *nada* por impedirlo? Él podría haber prevenido esta tragedia. La confusión cedió lugar a la irritación y a otras emociones que rozaban las fronteras de mi pensamiento consciente.

Una vez abandonada mi confianza en Dios estaba más cerca de ese abismo espiritual llamado *desesperación*. En esa época, por varias razones, no podía percibir mi verdadero estado espiritual.

La capacitación teológica que había recibido en el Seminario Concordia, de St. Louis, era de orientación conservadora y basada en las Escrituras. Pero la primera razón de mi ceguera interior era esta: Como la mayor parte de mis coetáneos había estado expuesto a los teólogos «de moda», que enseñaban que la Biblia es un libro imperfecto, originado por seres humanos, por lo que sus declaraciones debían ser evaluadas por el juicio humano. Enseñaban que, si bien la Biblia *contiene* la verdad de Dios, no es en absoluto cierta en su totalidad. Sin darme cuenta apenas, algunas de esas nociones se habían infiltrado entre mis propias creencias.

En segundo lugar, como estudiante de sicología, estaba empezando a considerar el conocimiento científico como algo casi infalible. Si no se podía creer en la Biblia en un 100%, uno podía estar tranquilo de que los científicos, que basaban sus descubrimientos en observaciones «seguras y comprobadas», podían aportarnos la verdad.

En tercer lugar, y sin darme cuenta de lo que me estaba sucediendo, había desarrollado algo así como un credo sublime: Dios era un rompecabezas que no podíamos llegar a conocer; la ciencia era la mejor esperanza del hombre; y mis propias «necesidades» eran la mejor guía para tomar decisiones, en cuanto a mi estilo de vida. Lo que me decía a mí mismo es que había sufrido profundas heridas, de las que no había tenido culpa alguna (según pensaba) y por lo tanto tenía que buscar consuelo en algo diferente a un Dios, a quien parecía no importarle. Lo que ni siquiera imaginaba era que había reemplazado al Dios verdadero y que había colocado a algún *otro* indefinible en su lugar.

Quizás la «solución» que elegí no sea la misma que elegiría usted. Iba a pasar mucho tiempo, antes de que llegara a entender, cuál era el dios falso que había dejado que ocupara el lugar del verdadero Dios, porque a mi ya desconcertada vida, la compliqué más al lanzarme al alcohol.

Empecé a tomar abundantemente, aunque nunca antes había bebido en exceso. El alcohol se transformó en el principal sostén de más de una noche, solo o con «amigos» y también empecé a incursionar en otros pecados. Seguía asistiendo a la iglesia todos los domingos, continuaba orando, leyendo la Biblia e instruyendo a mis hijos en la doctrina cristiana cuando estábamos juntos. Pero algunas mañanas no podía recordar qué había ocurrido la noche anterior. Una vez comprobé que el parachoques de mi auto estaba seriamente dañado. ¿Qué había hecho? ¿Dónde había estado? ¿Habría herido a alguien? En mi enfermizo ser interior, el temor y la vergüenza competían por el primer lugar.

¿Por qué hacía esto? ¿Para herirme a mí mismo? No. ¿Para herir a Dios? Nunca dije: «Ahí tienes, Señor», pero realmente creía que mi dolor era su culpa. Me había traicionado, me había abandonado, no me había protegido, había pasado por alto mis antecedentes de fidelidad en el servicio y había roto todas las promesas de que escucharía y contestaría las oraciones. Él había elegido algo malo para mí, algo que no era bueno. Y por debajo de todo eso sentía dentro de mí un enorme y amargo resentimiento contra Dios. Una grieta mayúscula. Recuerdo la ira que irrumpió con violencia una noche que conducía de regreso a casa, después de una fiesta que he olvidado desde hace mucho tiempo. Ni siquiera recuerdo cuál habrá sido la frustración trivial que provocó ese estallido de furia, pero sí recuerdo bien con cuánta violencia prorrumpí a gritos contra Dios.

Pero Dios se ocupa precisamente de sanar brechas espirituales, de reconstruir puentes rotos, si le dejamos hacerlo. En mi caso, la primera aproximación sucedió así.

Escuché el rumor de que un amigo había tenido una experiencia con Dios que había revolucionado su vida. ¡Eso era ridículo! ¿Una experiencia con Dios? ¿Algo con el Espíritu Santo? Era decididamente *ridículo*. Dios no hacía nada palpable en nuestra época, y resolví que la experiencia de mi amigo era alguna expresión de auto-engaño o histeria.

Sin embargo, recordé algo que me hizo detener. ¿No me había escrito otro amigo acerca de una experiencia similar? Decía que Dios se le había hecho «real» y que había transformado completamente su vida y su ministerio pastoral. No me haría daño averiguar un poquito más.

Empecé a leer libros y a escuchar cintas que sostenían lo siguiente: Cualquiera que sinceramente invoque a Dios, no importa cuál sea su estado personal, puede tener la vivencia de su amor, su perdón y su presencia. Decenas de pensamientos y emociones conflictivas se levantaron dentro de mí. Yo era un cristiano confirmado: Creía en el Padre, en el Hijo y en el Espíritu Santo, sin ninguna duda. ¿De qué hablaba esta gente? ¿Por qué debía creer lo que decían si Dios me había abandonado de esa manera?

Por otro lado, mi vida era un desastre. ¿Qué podía perder? Escépticamente, y con muchas reservas, empecé a orar algo así: «Por favor dame a mí también esa experiencia. Pero cuando lo hagas, si es que lo haces, por favor, Dios, no me hagas las cosas demasiado difíciles».

No ocurrió nada. *Por supuesto que no,* sonreí cínicamente.

Entonces llegó un tercer amigo de visita. Él también decía haber experimentado «la realidad del Dios viviente». ¡Hasta sostenía que Dios hace *milagros* hoy en día!

«Es todo coincidencia, ilusiones y el poder de la sugestión» argumentaba yo.

Me acordé del gran amor de Dios al enviar a su Hijo a morir por mí una terrible muerte en la cruz. Aunque eso yo lo entendía intelectualmente, sin embargo, no me servía de nada.

La última mañana que pasó conmigo, en medio de una discusión, ocurrió algo que era totalmente distinto a todo lo que había vivido durante cuarenta y cinco años de vida. Estaba discutiendo (defendiendo *mi* posición y oponiéndome a toda esa «bazofia bíblica») cuando de pronto me invadió el silencio en la mitad de una frase. Literalmente, los centros cerebrales del habla quedaron vacíos. No había palabras allí. Movía los labios, pero en lugar de palabras fluyeron lágrimas y rompí en sollozos.

Y he aquí qué cosa extraña: sentí una nueva clase de dolor. ¡No era pena por mí mismo, sino dolor por lo que había hecho contra Dios! A causa de mi sufrimiento me había vuelto contra Él, había dudado de Él, lo había culpado y me había cerrado en contra suya. *Había sentido ira.* Había un abismo entre nosotros y ahora advertí que yo lo había producido. Me había equivocado mucho con respecto a Dios.

Esa mañana le pedí a Dios que me perdonara, que me limpiara, que me restaurara, no mi familia y mis posesiones, si no *mi alma.*

Pero eso sucedió cuando mi amigo oró por mí.

Al principio sólo hubo silencio. Luego, Dios se hizo realmente presente, tal como su Palabra lo promete y sentí su santa presencia. Por primera vez, realmente sentí su amor, en forma directa, perceptible, en el centro de mi ser. Percibí su proximidad y su disposición de sanar la brecha existente entre nosotros, sin tener en cuenta todo lo que yo había hecho por ensancharla. Vino a mí a pesar de mi incredulidad, mi airada rebelión y mi deliberada decisión de hacer las cosas mal.

A partir de ese momento, durante muchos días y semanas cuando abría la Biblia para leer, las palabras vibraban llenas de vida. Más aún, sabía en el fondo de mi ser que estas palabras eran verdaderas, no importa qué dijeran en contra los críticos «científicos». Mi corazón había cambiado y ahora quería agradarle a Él, mucho más de lo que quería mantener las cosas que para mí eran valiosas; quería confiar en Él a cualquier precio.

Más tarde, también descubrí que mi interés por el alcohol había desaparecido. Nunca más he vuelto a desear el alcohol desde ese día de 1971, hace ya muchos años. Vacilo en mencionar esto, porque Dios no siempre actúa de la misma manera. Conozco a muchas personas que luchan con la dependencia del alcohol o el tabaco mucho tiempo después de su encuentro con Dios y no quiero dar la impresión de que algo está fallando, en aquellos que no experimentan una liberación inmediata como la que yo recibí. Dios no se revela a «personas especiales». Él quiere revelarse a cualquiera que lo busque, no importa cuáles puedan ser sus dificultades.

Sé ahora que Dios ha dispuesto un camino específico para cada individuo y que lo que Él elige es el mejor camino.

¿He dicho que sus elecciones son las *mejores*? Sí, mi monólogo, las cosas que decía dentro de mí, empezaron a cambiar y comencé a incorporar verdades puras y generadoras de vida. A medida que me repetía a mí mismo la verdad acerca de Dios, la tristeza y la depresión se fueron retirando. Había oído acerca del gozo y había tratado en vano de encontrarlo en el alcohol y en el placer sensorial. Ahora sabía dónde encontrarlo, además de experimentar la paz y una sensación de bienestar. Mi mente estaba cambiando y también estaba cambiando mi vida, desde dentro hacia fuera. Había iniciado mi propia travesía de regreso al «hogar», al corazón del Padre.

La vida desde un nuevo punto de partida

Arrepentirse significa, en el sentido literal de esta palabra en el Nuevo Testamento, recibir una nueva mente. En la medida en que mi mente dejaba fuera las viejas mentiras o las incredulidades, remplazándolas por la verdad acerca de Dios, su realidad y su cuidado, las falsedades tenían que ir cediendo su dominio. Un encuentro con Dios, en la persona del Espíritu Santo, produce cosas mucho más importantes que dar unos toquecitos en la espalda. Es un encuentro con aquel a quien Jesús llamó «el Espíritu de verdad» (Juan 16.13). No es simplemente un apéndice de la Trinidad. Llega con un poder que transforma la vida (Filipenses 2.13). Una de las formas en que se manifiesta su poder es disipando las tinieblas de las dudas, de los engaños y de las incredulidades, con la luz de la verdad. O para decirlo de otra manera, *el poder reside en la verdad*.

Introducir la verdad en mi monólogo interior fue un proceso que comenzó de inmediato y que continúa hasta el presente. He tenido que enfrentar otras crisis capitales. Y creo que la duda, los cuestionamientos, la argumentación y la falta de respuesta son parte de la vida. Lo que *ahora* sé es que puedo confiar en el Espíritu de verdad cuando me enseña cómo escudriñar mis reflexiones para detectar el comienzo de una separación de Dios. Entonces puedo separar esos errores que me alienan de Dios y reemplazarlos con la verdad acerca de quién es Él y qué es lo que quiere para mí.

Una importante nota final. Con el tiempo, mi vida se ha ido sanando. Dios restauró gran parte de lo que había perdido. Candy llegó a mí sin que la buscara. Ella también había encontrado en su vida la realidad del Espíritu de verdad y también había sido rescatada por Dios de una relación peligrosa y abusiva con el alcohol. Nos casamos y pocos meses después un juez accedió a la solicitud de mis hijos y se mudaron a nuestro hogar.

Pero los cambios más importantes ocurrieron *dentro* de mí.

Esta mañana, por ejemplo, mientras escuchaba la excelsa alabanza de Bach en su incomparable *Gloria in Excelsis*, de la Misa en Sí menor, me sentí inundado de una espontánea adoración y gratitud a Dios.

Esta experiencia siempre tiene una extraña *novedad* cada vez que ocurre. Mi mente retorna a ese momento en que me era imposible alabar a Dios.

Entonces había dicho: «Sólo cuando Dios haga algo por mi vida destrozada voy a reconocerlo como Dios otra vez. Todo depende de que Él cambie las circunstancias y me libere de esta miseria. Si no lo hace, es porque no tiene poder o porque es un fraude».

Dicho en pocas palabras, yo tenía las cosas *al revés*. Pensaba que mi airada rebelión hacia Dios era producto de su fracaso en actuar como debía hacerlo en mi vida. Pero en realidad era *yo* quien estaba produciendo la brecha, pateando y luchando en su contra. A pesar de que mis circunstancias eran dolorosas, irónicamente era mi propio desacuerdo con Dios el que producía en mí un sufrimiento y una alienación más profunda de lo que jamás había conocido. El dolor que me condujo al alcohol era el *resultado* de la grieta que había producido. Pensaba que era la prueba de que mi ira era justificada. Si no hubiera descubierto que tenía las cosas al revés, me hubiera hundido hasta el fondo de mi vida y me habría ahogado allí.

La oportunidad que tengo de revisar esta experiencia —y de observar la vida de innumerables pacientes—, sólo vino del inconmensurable amor y misericordia de Dios.

Como dijo Martín Lutero: «Sin mérito, ni valor alguno de mi parte, he aprendido que las emociones no placenteras, generalmente pueden rastrearse hasta una brecha que nos separa de Dios y que puede permanecer oculta aún del que sufre, durante largo tiempo».[1] A menos que la condición miserable se deba pura

---

[1] Descubrí la importancia radical de este abismo estudiando las obras de sicólogos cognoscitivos como A.T. Beck, Albert Ellis, Russell e Ingrid Grieger, D. Meichenbaum, R. Novaco, Gary Emery y muchos otros. Y más específicos

y sencillamente a desequilibrios químicos (como en algunas depresiones), el sufrimiento emocional a menudo se genera en creencias equivocadas que albergamos en nuestra mente. Estos errores desencadenan peleas con Dios, respecto al camino que Él ha elegido para que andemos.

Esta pelea puede tomar diversas formas.

Para algunos, el conflicto empieza cuando creen que un bien menor es lo mejor para ellos. Decimos entonces cosas como estas: «Si tan solo pudiera entrar en *esta* universidad». «Tengo que conseguir *ese* trabajo». «Seré desgraciado si él/ella no me ama». «¿Por qué la vida no puede ser como *yo* quiero, *ahora* mismo?»

Para otros, la discusión empieza cuando se convencen de que algo malo es en realidad bueno. Decimos: «¿*Por qué* ha de ser tan malo acostarse con alguien con quien no estás casado?» «¿Por qué no puedo mentir, si será de ayuda para mí o para algún otro?» «No tiene un porqué estar mal que deje a mi esposa y a mi familia, si al hacerlo me sentiré más realizado».

Y para otros, finalmente, el problema surge por creer lo opuesto: que algo bueno es en realidad malo. Como Juan, en nuestra parábola inicial, decimos: «*Nadie* me puede decir a *mí* qué hacer». «Es *mi* vida, y si alguien se preocupa por las decisiones que yo hago, es problema suyo». «¿Amor? ¿Compromiso? ¿*Matrimonio?* Lo único que logran es darle a alguien permiso para manejar tu vida».

En definitiva, siempre nuestras discusiones concluyen en una pelea, en una brecha, no con un universo impersonal, sino con *Alguien*.

Entonces, nuestro mayor problema no es la depresión, ni la ansiedad, ni la ira. No es nuestro pasado, difícil y horrible como pudiera haber sido. No es la enfermedad, ni un accidente, ni una

---

aún son los escritos de San Pablo (especialmente la carta a los Romanos), los Salmos y las enseñanzas de Jesús. Este descubrimiento fue luego confirmado en numerosas consultas clínicas. ¡De hecho, la mayoría de los problemas emocionales se deben, en última instancia, a un desacuerdo con Dios! Para llegar a esta raíz, quizás tengamos que ir más hondo de lo que jamás habíamos ido.

pérdida o aflicción. Nuestro mayor problema no son tan siquiera los pecados que cometemos. Es la profunda hendidura que quiere abrirse en tu alma y en la mía, para separarnos del amor, el gozo y la paz de una vida que podríamos vivir en la más estrecha relación con nuestro Creador.

Este libro está escrito para aquellos que están cansados del dolor, de la búsqueda y del vacío. Para aquellos que están decididos a dejar de correr de una compulsión a otra, de un consejero a otro y que añoran afirmarse sobre el cimiento del sentido y el propósito de la vida.

Sé por experiencia que el deseo permanente de Dios es acercarse más a nosotros, caminar más cerca de nosotros como un padre, envolvernos con su amor que contiene todo lo que necesitamos y que suple todo lo que no sabemos.

La invitación que le hace, si su vida ha dejado de tener rumbo, es que vuelva al hogar, donde su corazón late ansioso esperando su regreso. El llamado que Él hace a través del profeta Isaías, se repite hoy: «¡Ven, razonemos juntos!»

Esa es la travesía que ahora podemos iniciar.

ACUSACIÓN

Me has destrozado el corazón,
galileo, Dios-hombre,
porque no te acercaste
cuando más te necesitaba.

He perdido la confianza,
galileo, Dios-hombre.
¿Cómo puedo pedirte algo con fe,
si de una forma tan oscura y misteriosa
le diste la espalda
y no lo ayudaste?

Podías haberlo sanado,
¡galileo, Dios-hombre!
Podías, aun en ese trágico instante,
haber apartado el revólver
o impedir que se disparase,
pero escondiste tu rostro
tras los cielos vacíos.

Has roto mis alas,
galileo, Dios-hombre.
Trato de levantarlas,
de remontarme hacia ti, como antes,
pero estoy tan débil,
mi corazón es tan pesado,
que sólo podría volar otra vez
por las puertas de la muerte.

Marta dijo a Jesús:
«Señor, si hubieses estado aquí,
mi hermano no habría muerto».
Jesús le dijo:
«Tu hermano resucitará».

Por un breve momento te abandoné,
pero te recogeré con grandes misericordias.
Con un poco de ira
escondí mi rostro de ti por un momento;
pero con misericordia eterna
tendré compasión de ti,
dijo Jehová tu Redentor.

DOS

CUANDO EL DOLOR NO CESA

Ernest Hemingway dijo en cierta ocasión: «La vida nos quiebra, inevitablemente, y muchos se vuelven luego fuertes, precisamente en donde se han quebrado». Yo diría que *algunos* se vuelven más fuertes. La mayoría queda golpeada y dolorida en esos lugares rotos. ¿Por qué? Porque son muchos los que esconden sus heridas, *tratando* de ser fuertes, tratando de ser «adultos» y hasta negando que hayan sido quebrantados. Otros desperdician el tiempo buscando una «respuesta fácil», buscando compulsivamente a alguien, a cualquiera que les pueda decir cómo conducir y modificar sus circunstancias externas o sus relaciones, cuando en realidad el problema radica en la brecha que han abierto en el fondo del alma.

Cuando yo mismo estaba en mi propio abismo de desesperación, me comportaba de esa manera. Probé de todo: consejería matrimonial, sicoterapia, religión. Nada logró resolver mi problema, ni me alivió el dolor. En mi práctica de consejería, escucho con frecuencia la expresión: «Lo he probado todo», muchas veces en boca de personas que ni siquiera se han recuperado de la pérdida repentina de un ser amado, del descubrimiento de la infidelidad de su cónyuge, de la torpe pérdida de una oportunidad, de un rechazo frustrante, de una ambición malograda, o aun del hecho de haber cumplido los cuarenta.

Muchas de estas personas han tratado de anestesiarse con alcohol, mientras otros «suavizan el golpe» con drogas. Otros se «inician» en movimientos seudo-espirituales recitando: *silba en la oscuridad, todas las nubes tienen un halo plateado,* o *todo se va con el lavado, ánimo* y otras frases similares, para finalmente descubrir que no son más que palabras huecas. Algunos prueban intensificando las prácticas cristianas: «Voy a ir más a la iglesia, orar más tiempo, ofrendar más». Los sicólogos han descrito a las personas que tratan de borrar sus problemas zambulléndose en todo tipo de relaciones, traficando con el sexo, llevando sus perversiones al máximo, inundando los sentidos. Los menos sensuales se sumergen en el trabajo para producir una amnesia transitoria. Últimamente las «visualizaciones» han tenido mucho auge, lo mismo que las cintas de audio, con los llamados mensajes «subliminales» escondidos bajo la música. Muchos practican yoga, meditación trascendental, control mental, diálogo con «los maestros», vínculos con dioses extraños.

No han dejado de lado la consejería. Buscan a su pastor para pedirle ayuda y muchos de ellos dan generosamente su tiempo (a veces más de lo que realmente pueden) en esta cura de almas. Este ministerio resulta provechoso para fortalecer la fe y resolver las dificultades de muchas personas. Pero con demasiada frecuencia, los pastores se sienten frustrados porque la persona a la que están aconsejando no quiere o no puede recibir ayuda. Los sicólogos y siquiatras también se encuentran con personas a las que no pueden ayudar y muchos de ellos no pueden aceptar que el verdadero ámbito del conflicto es mucho más profundo que el inconsciente.

Por eso, después de haber dejado exhaustos a varios pastores y consejeros, la persona desesperada y sufriente a veces dice: «Lo he probado todo. *Nada* sirve».

Cuando nada sirve, y nada ofrece una solución real y perdurable, creo que ha llegado el momento de ir más a fondo.

Permítame contarle de Marta, una mujer que pensaba que había probado todo, hasta que aprendió cuál era el primer paso *verdadero* en su travesía hacia la salud y la felicidad.

Marta

El silencio denso que había entre nosotros me permitió unos momentos de observación. La apesadumbrada mujer sentada frente a mí había dejado de hablar y contemplaba como ausente la copa de los árboles por la ventana de mi consultorio. Era una mujer

rubia, ligeramente pasada de peso, desaseada, que había dejado de
ser joven y quizás había sido antes más bella.

*Realmente —pensé— no es distinta de las demás que conozco
en la iglesia, o de las amistades fuera de la clínica y hasta de los
miembros de mi familia.* Muchas veces me ha impactado el hecho
de que mis pacientes no son seres extraños de algún otro planeta,
aunque algunos todavía piensen eso de los que van a consultar al
sicólogo. Mis pacientes son simplemente personas comunes que
han recurrido al sicólogo en busca de ayuda para problemas que
son comunes en la raza humana.

Supe que la depresión de Marta se había iniciado unos cuatro
años antes. Al retroceder con el vehículo en el garaje, no había
visto que su pequeño se había deslizado por detrás. Había pasado
con el vehículo por sobre su propio hijo, aplastándole el pecho.

Después del funeral —que fue una horrible pesadilla— Marta
se culpó sin misericordia. La culpa y el autorreproche calaron
hondo dentro de ella. Muy pronto empezó a rechazar su propia
imagen en el espejo. Ya no disfrutaba de la vida ni de nada y se
castigó dejando que su aspecto se afeara. Nadie podía convencerla
de que era una persona valiosa, porque se veía a sí misma como la
sangrienta matadora de su propio hijo.

Los que habían intentado ayudarle le habían dicho que era un
error culparse a sí misma, que era obvio que ella era inocente: todo
había sido un accidente. Las palabras no le llegaban. Después de
haber buscado el consejo de su pastor, Marta fue a un sicoterapeuta, que desenterró información útil, sacando a luz la relación
de ella con sus padres, eternos buscadores de errores. Le dijo que
el problema era que estaba decidida a culparse a sí misma. Le
aplicó un tratamiento con antidepresivos durante dieciocho meses.
Ni siquiera eso la ayudó.

Cuando vino a consultarme pensaba que yo era su última alternativa. Era una situación difícil. «Olvidé decir» dijo abruptamente
Marta volviendo de sus propios pensamientos, «que hasta dejé de
usar azúcar porque una amiga me dijo que padecía "la tristeza del
azúcar". Luego intenté con ejercicios aeróbicos, masajes y acu-
puntura. Algunos amigos de la iglesia dijeron que tenía malos

espíritus, de modo que oraron para expulsarlos. Eso pareció aliviarme por un tiempo pero a la larga seguí igual. Finalmente, mis amigos se cansaron de escucharme. Me dijeron que todo mi problema radica en que estoy llena de autoconmiseración. Están hartos de oírme; ¡y yo también!»

A medida que seguimos encontrándonos observé algo en Marta que más bien dejó ver por indicios que de una forma explícita. Por ejemplo, cuando le pregunté qué sucedía cuando oraba, me dijo que su mente siempre estaba vacía. Luego murmuraba: «De todos modos, creo que es hora de que sea Dios quien hable». En otra ocasión mencionó que las personas que piensan que la oración cambia las cosas son ingenuas. Y otro comentario casual acerca de las revistas en la sala de espera: «Demasiado fundamentalistas». Sin embargo, la mayor parte del tiempo Marta estaba en guardia, de modo que estos atisbos de sus sentimientos se escapaban muy raras veces.

Lo que observé, pese al autocontrol de Marta, era que estaba profunda, profundamente enojada y no en algunas ocasiones sino todo el tiempo. También observé que no era consciente de ello. Algo, en un nivel muy hondo, estaba mal y Marta estaba luchando por mantenerlo fuera de los reflectores de su propia percepción.

Lo más cerca que llegó fue la mañana en que empezó la sesión con estas palabras: «Sabe, creo que tengo algo que reclamarle al Señor. Me siento mal porque... porque Él permitió... ya sabe...» La voz se le quebró. Luego tapó todo otra vez diciendo: «¡Bueno, parece que tengo un mal día!»

De manera, que por algún tiempo, el tema profundo permaneció escondido enterrado.

Observaciones

Dejemos por un momento a un lado la historia de Marta para hacer algunas preguntas esenciales.

¿Por qué Marta y tantos como ella siguen ignorando o esconden el verdadero problema? ¿Por qué la gente niega que la raíz de su enfermedad puede estar en su ira contra Dios?

Una posibilidad es que simplemente no se den cuenta. Pero también hay otra razón: la mayoría de las personas piensan que la ira hacia Dios es algo muy difícil de manejar. Hasta cierto punto saben que tienen una pelea, una separación, un distanciamiento, pero lo encubren porque es demasiado terrible de admitir.

¿Por qué es tan terrible? Porque da miedo. *¿Qué nos haría* Dios si supiera...? ¿Qué mostraría eso de mí como persona, como cristiano?

Lo que nuestra ira hacia Dios *en realidad* manifiesta, es que en la base de nuestras creencias (en lo que conscientemente *decimos* creer) subyace otro nivel de pensamiento (lo que *realmente* creemos). Y cuando lo que realmente creemos nos separa de Dios, sufrimos a causa de lo que llamo «falsas creencias».

Como ya he usado varias veces esta expresión quiero mostrar lo que quiere decir mediante algunos ejemplos:

«Después de todo lo que Dios hizo por mí —mandar a su Hijo a morir en la cruz y todo lo demás—, sería un mal agradecido si admitiera que tengo algo contra Él».

«Dios no entendería mi conflicto con Él y sólo me diría que tengo que "amoldarme"».

«No puedo permitirme sentir ira hacia Dios; Él es tan grande que podría borrarme de un plumazo».

«Si dejo asomar cualquier sentimiento inadecuado hacia Dios, podría enojarse en serio y quitarme las pocas bendiciones que tengo. ¡No sea que quiera demostrarme hasta dónde se pueden empeorar las cosas!»

«Si admito que estoy molesto con Dios, eso destruiría lo poco que queda de mi autoestima. La gente me considera un buen cristiano. Si tuviera que admitir que estoy enojado con Dios, resultaría obvio que soy un total fracaso».

«He trabajado tanto y tan duro para demostrarme a mí mismo que merezco las bendiciones de Dios, que sería un fracaso encontrar este defecto en mí mismo».

«Los buenos cristianos no se enojan. ¡Y nunca jamás discutirían con Dios!»

«Me sentiría totalmente perdido y sin ninguna esperanza si supiera que hay algo roto entre Dios y yo».

¿Por qué las llamo *falsas creencias*? Porque son creencias basadas en interpretaciones erróneas, o en falsas enseñanzas, *no* en la verdad de las Escrituras. (Hay más al respecto en el capítulo siete.)

Por ahora, nos basta con saber que estos errores hacen que nos escondamos de Dios porque tememos herirlo, ofenderlo o alejarlo, o porque tenemos terror de que se disponga a probar nuestra fortaleza espiritual aplastándonos definitivamente. Por lo general, estos errores pasan desapercibidos hasta que se presenta una crisis. Y aun durante una crisis, cuando los sentimientos de ira hacia Dios empiezan a bullir en nosotros, los encubrimos con autoacusaciones. El efecto puede resultar en una enfermedad síquica y hasta física que no cederá a la lógica ni al tratamiento, porque pensamos que tenemos que ocultar la verdadera raíz del problema: estamos acusando a Dios y ¿qué derecho tenemos para hacerlo?

Si en este momento estás enojado con Dios, debes saber que no eres el primero de sus hijos que vive tan atemorizadora emoción. Si estás en desacuerdo con Él, pero lo has estado negando, lo único que le va a ayudar es empezar por enfrentarse a la verdad.

Jonás estaba airado con Dios y ¿cuál fue el resultado? Dios se mantuvo a su lado y trató de enseñarle, pacientemente, acerca de su arrogancia, de su actitud crítica, de su falta de perdón. Job derramó todo su dolor y frustración por haber perdido todo lo que le era precioso, pero la reacción del Señor *no* fue aplastarlo sino decirle: «¿Quién es ese que oscurece el consejo con palabras sin sabiduría?» (Job 38.2). A lo largo de todas las Escrituras Dios se nos revela como un Padre amante, lento para la ira y grande en misericordia que sufre cuando sufrimos (véase Éxodo 34.6; Deuteronomio 28.1-14; Salmos 30.1-5; Mateo 23.37; Romanos 8.31-39).

Con frecuencia, para poder descubrir ese enojo, es necesario dar un paso preliminar y esencial. Se trata de descubrir el error que alimenta esa negación.

Cuando se enfrentó a sí misma...

Marta, finalmente se decidió a dar el salto.

Me acerqué por fin al «terreno aterrador» preguntándole si alguna vez había pensado en lo siguiente: que Dios podría haber protegido su bebé si hubiera elegido hacerlo, ya que Él es todopoderoso y nada es demasiado difícil para Él.

Se sintió molesta de que tan siquiera se lo planteara.

—Dios quería a mi bebé en el cielo. Esa es la manera en que me gusta pensar en esto —contestó. Las lágrimas empezaron a fluir—. Todo ocurre para bien, ¿no es así?

—¿Dice que le *gusta* pensar que Dios se llevó su bebé al cielo? —insistí. Sabía que dolía, pero también percibía que algo estaba a punto de salir a la superficie.

—Sí —dijo con más lágrimas—.

—Si es así, ¿por qué las lágrimas?

—No... no lo sé. Duele. Es mi culpa. Me odio a mí misma. Dios parece tan distante. No lo sé...

—¿Se siente tan mal respecto a usted y al bebé y a Dios, que le hace llorar, aun cuando se dice a sí misma que todo es para bien?

—Sí, eso es lo que me digo. Pero me suena falso. Quiero a mi bebé.

—A pesar de sus mejores esfuerzos, el dolor no ha cedido y no sabe el porqué.

—Si tan solo hubiera prestado atención ese día. No sé por qué sucedió todo esto. ¿Por qué *mi* bebé? ¿Por qué Dios no me detuvo? ¿Por qué no me advirtió? ¿Por qué no hizo *algo*?

—A pesar de que considera que todo fue su propia culpa —proseguí— todavía se pregunta acerca de Dios. Se pregunta por qué Dios quiso llevarse a *su* bebé, por qué le hizo semejante cosa *a usted*.

—No quiero culpar a Dios; no es su culpa, si no la *mía*. Pero... estoy tan confundida.

—No tiene intención de culpar a Dios, pero no puede dejar de pensar que Él podía haber evitado el accidente y que podía haber salvado a su criatura, ¿verdad?

—Él es todopoderoso. Él puede hacerlo todo. ¿Por qué no impidió que sucediera? Yo no puedo decirle a Dios lo que debía haber hecho. Y me siento culpable de pensar que haya sido culpa de Dios. Se supone que no debemos tener esos pensamientos, ¿verdad?

—De modo que se siente muy mal por pensar cosas así. ¿Supongo que también tendrá algunos sentimientos, sentimientos que preferiría que no salieran a la luz?

—¿Otros sentimientos? No puedo saberlo con seguridad. Quizás estoy cerrando los puños contra Dios. ¿No es horrible? ¿Cree que pueda estar enojada con Dios? Eso es muy malo, ¿verdad?

Desde ese día en adelante, nuestro diálogo la llevó más y más cerca de la recuperación, porque pudimos trabajar con las fuentes reales de su sufrimiento. El dolor de Marta no podía sanar porque ella había escondido, encubierto, negado y enterrado, la brecha que la separaba de Aquel que tiene el poder de la vida misma. Estaba ocultando su ira hacia Dios porque era «demasiado terrible» de admitir. Por eso había vuelto las acusaciones contra sí misma.

Aquí es donde entraban a jugar sus falsas creencias, tanto acerca de sí misma como de Dios. Los errores más obvios eran los que Marta sostenía respecto a sí misma. Dije obvios, porque su aspecto descuidado y su depresión me sugerían que se estaba castigando por haber sido una «mala madre» que había provocado la muerte de su hijito. Y era obvio que no se había beneficiado del consuelo que el Espíritu Santo nos promete en la Biblia (véase Juan 14.15-21). Sobre este manto de autoacusación, apenas al borde de la conciencia, yacían otras falsas creencias que apenas dejaba trascender a su mente, porque le parecían demasiado difíciles de manejar: «¿Cómo puedo permitirme culpar a Dios, si sabemos que en Él sólo hay bien? ¿Cómo puedo enojarme con Él si es todopoderoso? Las personas buenas nunca se enojan con Dios; sólo confían en Él, *todo* el tiempo. Si estoy enojada con Dios debo ser muy mala persona. Y las personas malas van al infierno».

Debajo de todo esto había una capa de falsas creencias bien calcinada por una ira encendida al rojo vivo, que tuvo que volver totalmente el rostro para no verlos: «A Dios no le importaba lo suficiente ni mi bebé ni yo, como para intervenir y salvarle la vida. Dios es frío y cruel, o bien no tiene poder y es un fraude».

Marta sabía qué era lo que se *suponía* que debía de creer: que Dios es todo amor y es todopoderoso. Pero no podía, o pensaba que no podía, llegar con su cerebro a lo que tenía en las profundidades de su corazón. Con un abismo tan impresionante en su propia alma, no era de extrañar que viviera tamaña negación. ¿Quién podría vivir o funcionar de otra manera?

Cuando Dios parece distante

Aquellos que hayan vivido experiencias de pérdidas trágicas y de dolor agobiante, como el que experimentó Marta, pueden entender fácilmente las razones que tenía para negar que sentía ira. A veces se siente como si una enorme bestia furiosa quisiera abrirse paso por nuestra piel y empezar a destruir, simplemente destruir. También ocurre que uno trata de «castigar» a Dios con un silencio airado, de la manera en que tratamos de castigar a otros seres humanos, que nos han herido o enojado, dándoles la espalda.

Pero también hay otros traumas menos dramáticos, pero tan dolorosos como la tragedia de Marta que pueden llevar a un estilo de vida de negación similar. Estoy pensando en hombres y mujeres que he conocido y que han pasado por situaciones tales como:

- abandono, rechazo, o abuso por parte de un padre o del cónyuge
- rechazo por parte de los hijos o rebeldía
- acosos
- un accidente o enfermedad que los debilita
- una quiebra financiera
- una enfermedad emocional o sicológica

Y hay otro tipo de personas, aquellos cuya negación se ajusta como un guante a la mano con su inclinación a sentirse libres de hacer lo que tengan ganas de hacer, sin importarles el orden, las leyes y los claros mandamientos de Dios. Según ellos, Dios tuvo la «audacia» de imponer sus leyes al universo y a las relaciones humanas; por lo tanto, sus luchas y sufrimientos son culpa de Él, no suyas. Esa es la brecha con Dios que vive el fumador empedernido que ahora padece de cáncer, el homosexual o drogadicto que ahora tiene SIDA, el bebedor que después de veinte años tiene el hígado deshecho, el adolescente promiscuo que ahora padece gonorrea. «Si Dios es tan bueno, tan amante y tan poderoso» preguntan con amargura, «¿por qué no puede hacer algo para ayudarme a *mí*?» Y no son sólo este tipo de personas, sino otros que también ignoran las leyes de Dios, sus *ruegos* de que vivamos de acuerdo con su orientación. He aquí algunas de las quejas más frecuentes:

«¿Qué tiene de malo que deje a mi esposo y a mis hijos si estoy enamorada de otra persona?»

«Mi esposa me ha dejado. Mi familia está destruida. Les di todo lo que pedían, aun a costa de trabajar horas extras y estar siempre fuera de casa».

«No puedo lograr que mi esposo cambie».

«Si paso de una pareja a otra, es porque no creo que un hombre deba estar atado a una sola mujer, simplemente. Ya he dicho que el problema son las mujeres: todas son egoístas».

La angustia emocional también puede remitirse a la negación. La persona que sufre no puede creer que Dios realmente busque su bien, a pesar de que pueden citar una docena de pasajes bíblicos y cantar canciones todos los domingos acerca de su amor inmutable. Yo me incluyo en esta categoría: preocupación, temor y depresión extrema. Una y otra vez escucho decir:

«Las cosas no resultan como las planifico, a pesar de que he trabajado tanto para llegar a donde estoy. *Necesito* esa promoción. Pero estoy aterrado de no conseguirla».

«¡Por supuesto que me preocupo! Porque sé —no me pregunte cómo, simplemente lo *sé*— que algo malo le está por ocurrir a uno de mis hijos».

«¿*Alabanza*? Eso sí que es algo absurdo de sugerir, si estoy en una profunda depresión. No puedo creer que me haga una sugerencia tan trivial».

«¿Sabe por qué estoy tan exhausto? Solía creer que Dios contestaba las oraciones. Pero ya no me quedo sentado esperando. Yo me hago cargo. Soy del tipo que *hace que las cosas ocurran*».

¿Cómo es que se me ocurre relacionar todas estas quejas con la actitud de *negación*? Hay una sola falsa creencia en la raíz profunda de todo esto. Si la arrancamos para examinarla, se parece a lo siguiente:

«Sé lo que la Biblia dice acerca de Dios, pero sencillamente no puedo creer que es tan bueno como declara ser. Debe estar en falta, porque mis propios sentimientos, percepciones y creencias acerca de la vida, no pueden estar equivocadas. Yo estoy en lo cierto y Él está en un error».

¿Pero quién está dispuesto a admitir una declaración tan audaz y soberbia? ¿Quién diría a viva voz: «Yo sé más que Dios. Yo soy más misericordioso que Él y yo nunca hubiera permitido que eso ocurriera, o no hubiera establecido esa ley?»

Creo que constantemente *escondemos* esas afirmaciones de nuestra mente consciente. Pero, en el fondo de nuestra alma, hay algo que quiere dañar, desacreditar y desafiar a Dios. Algunos estarían prontos a decir que es Satanás o una influencia demoníaca (que no discuto). Pero aun si la fuente es externa, no puede producir nuestro desastre espiritual *a menos que estemos de acuerdo con sus falsas premisas acerca de Dios*. La verdad lisa y llana es que hay una fuerza de soberbia humana en cada uno de nosotros, que peleará hasta la muerte, insistiendo que tiene la razón y que Dios está equivocado. Sin embargo, la mayoría de las veces no queremos enfrentar el hecho de que nuestros mayores enemigos somos *nosotros mismos*. La razón de esta ceguera, por supuesto, es nuestra condición caída y pecaminosa. Aun después de que llegamos a ser cristianos nuestros ojos sólo se abren lentamente a la verdad. Por eso es que incluso buenos cristianos, como Marta, pueden esconder tan hondo la brecha que los separa de Dios. Decir que no entendemos, o que estamos dolidos y enojados, o que queremos que Dios nos dé una explicación, sería admitir que no somos tan buenos ni tan maduros como se «supone» que debemos ser. Es mejor escondernos de nosotros mismos. «Es mejor —dice nuestra naturaleza pecaminosa preservándose a sí misma— pensar que Dios está equivocado en lugar de admitir que soy yo quien lo está».

Por la observación de las batallas dolorosas de muchas personas, como Marta, he llegado a la conclusión de que, no importa cuál sea su conflicto interior, hay un sólo punto de partida para el hombre o la mujer que quieren recuperar la salud y la libertad: dejar de negar que están enfrentados con Dios; enfrentar el hecho de que inclusive pueden estar radicalmente furiosos con Él. Esto hace posible el tipo de confesión que describía el apóstol Juan cuando escribió:

> Si decimos que tenemos comunión con él [Dios], y andamos en tinieblas, mentimos, y no practicamos la verdad[...] Si decimos que no tenemos pecado, nos engañamos a nosotros mismos, y la verdad no está en nosotros. Si confesamos nuestros pecados, él es fiel y justo para perdonar nuestros pecados, y limpiarnos de toda maldad (1 Juan 1.6, 8, 9).

Una vez que hacemos esta clase de confesión resulta posible el paso siguiente: Dios puede mostrarnos cómo fue que llegamos a alejarnos de Él. Es preciso que Dios nos dé esta clase de luz, que nos lleve al punto dentro de nosotros, donde nuestras falsas creencias empiezan a separarnos de la dependencia sana y vital de Dios, para que volvamos a anclarnos firmemente en Él.

Ahora podemos considerar esta segunda fase de la sanidad.

ANIVERSARIO DE BODA

Me despierto temprano
   el día de nuestro aniversario
      junto a una almohada vacía,
añorando esos brazos fuertes que solían estrecharme;
añorando
    que todo haya sido sólo una pesadilla.

Mejor será levantarme y correr
   en esta mañana tan deprimente.
Y corro, sufro, lloro,
    junto al río.
      Sola.
Y grito hacia el cielo azul:
  «¿Dónde estás, Dios,
      dónde estás?»
Pero sólo escucho por respuesta
   un trueno distante.

Por las noches busqué en mi lecho
al que ama mi alma;
lo busqué, y no lo hallé.

Dios mío, Dios mío, ¿por qué me has abandonado?

         7 de septiembre de 1989

TRES

ALEJAMIENTO ESPIRITUAL

¿Cómo puede un *cristiano*, uno que ha sido llamado a morar en la casa del Padre, llegar a sentirse tan distante de su hogar? ¿Cómo llegamos usted y yo al punto de estar separados de Dios por una brecha? Casi siempre, se debe a que hemos olvidado —o nunca supimos— las verdades que nos hubieran anclado cerca de las playas seguras. En pocas palabras, nos vamos a la deriva.

Jorge no alcanzaba a ver la casilla. Se frotó los ojos y se retiró el cabello que le molestaba. ¿Estaba todavía dormido? ¿Era un sueño? Sintió frío. Seguramente se había puesto más frío desde que se quedó tendido en el bote anclado al muelle de la familia. Los niños tenían prohibido abordar los botes solos, pero... bueno... la verdad es que a este menudo muchachito le encantaba contemplar el cielo y soñar y a menudo se escondía en el fondo plano del bote, donde según él pensaba, podía estar escondido y seguro pese a todo lo que dijeran los adultos.

Parpadeó y espió por sobre el hombro. Dondequiera que miraba no veía más que agua. Hasta las riberas estaban fuera de su vista. ¿Cómo había ocurrido? ¿Dónde estaba?

Mientras el bote lo había mecido suavemente hasta dormirse, las amarras se habían soltado y, llevado por la corriente, había salido a la deriva. Lentamente Jorge advirtió que, muy suavemente y sin que él notara lo más mínimo, había flotado hasta la desembocadura del río. Ahora flotaba en una minúscula nave en medio del océano. No podía imaginar cuántas millas de agua lo separaban de

51

la seguridad de los brazos de su padre. ¡Y no se le ocurría cómo podría regresar!

—¡Eh, muchachito, ¿qué haces por estos lugares?

Jorge miró detrás de él y vio a un pescador a unos veinte metros de donde estaba.

—No sé en qué dirección está mi casa y no sé cómo llegar hasta allí —contestó el niño comenzando a llorar.

—Ten paciencia, hijo, espera un minuto —el pescador puso en marcha su motor y se acercó rápidamente—. Ahora dime cómo llegaste hasta aquí.

—Me quedé dormido en mi bote en el río y me desperté aquí.

—¿Quieres dar un paseo? Simplemente ato el bote y te remolco a casa. Tienes que tener cuidado para mantener la cuerda fuera de la hélice. ¿Te parece que puedas hacerlo?

—Seguro —respondió Jorge, ya más aliviado—. Pero señor, ¿usted sabe dónde vivo?

—No —dijo el hombre— pero estoy seguro de que puedes reconocer el lugar una vez que lleguemos, ¿verdad?

—Sí, por supuesto. Sé exactamente cómo se ve nuestra casita desde el río. Mi papá y yo tenemos que saber cómo regresar a casa cuando vamos de pesca.

Media hora más tarde, Jorge estaba en brazos de su papá.

Como Jorge, nosotros también podemos alejarnos lenta, imperceptiblemente. Aquellos que nunca tuvieron una relación auténtica y personal con Dios el Padre a través de Jesucristo, con frecuencia pueden entender lo que esto significa. Quizás fueron a la iglesia cuando niños, pero quedaron atrapados por otros intereses a medida que pasaba el tiempo. Quizás todavía siguen yendo a la iglesia, pero sienten que no es más que un ritual, algo que hacen para mantener a Dios «satisfecho», o un sedante para la angustia interior que nunca desaparece, o simplemente un paso más en una travesía espiritual ambigua. Aunque estas personas también sienten que Dios se mantiene indiferente a sus sufrimientos, quizás sean más honestas respecto a sus falsas creencias o a la ira que sienten, que algunos de los cristianos «nacidos de nuevo y llenos del Espíritu Santo».

Eso sucede porque los cristianos que han «vuelto a nacer» suponen que tienen que tener todas las respuestas, o al menos tener rápido acceso a ellas en la Biblia. Y si bien podemos *saber* la Biblia de tapa a tapa, a la mayoría de nosotros se nos ha enseñado poco y nada acerca de cómo obtener vida de las verdades de la Palabra de Dios que se supone es el pan para nuestras almas. Por eso es que, aunque creemos con nuestra cabeza, vamos a la deriva con nuestros corazones. Y cuando aparecen los problemas y Dios parece distante, sospechamos que *Él* tiene la culpa.

Cuando no sabemos que el ancla se ha soltado

A veces me pregunto cuál hubiera sido mi reacción, si en los difíciles y solitarios días, después que terminó mi matrimonio, alguien me hubiera dicho que mi verdadero problema no eran las pérdidas que había sufrido si no la brecha que había abierto entre Dios y yo. Probablemente hubiera disentido, señalando que mis problemas se debían a las circunstancias, a las acciones de otras personas, a la injusticia del sistema. Si había una brecha —*si es que la había* y yo estaba convencido de que no la había—, había sido producida por Dios, porque Él había sido incapaz de sostenerme y me había privado, en efecto, de todo lo que era realmente bueno.

Pero yo hubiera asegurado que no había ninguna brecha provocada por *mi* comportamiento; ningún abismo que *yo* pudiera cambiar. ¿Acaso no iba regularmente a la iglesia, oraba y hasta enseñaba y predicaba? Bueno, no con tanto entusiasmo como antes, quizás, ¿pero qué más podía esperar Dios?

He observado que los cristianos que están en conflicto, a menudo saben que hay *algo* profundamente mal, algo más de lo que les han sugerido los amigos y los consejeros, aunque ellos mismos no alcanzan a percibir qué es. Pero la idea de que pudiera haber una brecha entre ellos y Dios les resulta demasiado difícil de aceptar.

Un visitante piadoso le preguntó cierta vez a Thoreau:

—Henry, ¿has hecho las paces con Dios?

—Nunca hemos peleado —contestó santurronamente el gran naturalista.

Algunos lectores se sumarían gustosamente a esa declaración.

Patricio, por ejemplo. Era un hombre de mediana edad, entrado en canas, de aspecto cansado, que no entendía el porqué no podía superar la separación de su familia, aunque ya habían pasado cinco años. Cuando le sugerí que su verdadero conflicto podía ser producto de una brecha entre él y Dios, reaccionó con enojo.

—¿De qué está hablando? —estalló— Yo no tengo ningún problema con Dios. ¡Sé que he nacido de nuevo! Soy bautizado. El Espíritu de Dios está dentro de mí. Su sugerencia es ridícula.

Me di cuenta de que no serviría de nada discutir con este irlandés rudo y fuerte. De modo que me dispuse a escuchar, y lo invité a tomar la iniciativa en nuestro diálogo. Como ya había imaginado, conocía todos los pasajes pertinentes.

—¿Acaso no dice Romanos 5.1 que hemos sido justificados por la fe y que tenemos *paz* con Dios? —preguntó retóricamente, negándose a concebir la idea que tanto se había esforzado en ignorar: que su sufrimiento se debía a una brecha con Dios y no a los males que otros le habían causado.

—¿Puede considerar la posibilidad de que ambos estemos en lo cierto?

—¿Qué quiere decir?

Yo estaba de acuerdo con él, por supuesto, de que las promesas de Dios se mantienen firmes y que una vez que él nos declara hijos por medio de Jesús, no hay nada ni nadie que pueda separarnos de Él y de su amor (véase Romanos 8.33-39).

Pero le recordé que mientras peregrinemos por este mundo llevamos una carga: la vieja naturaleza pecaminosa, que a veces llamamos *la carne*. No se trata de la parte *material* de nuestro ser; más bien es la naturaleza rebelde y contraria a Dios que hay en nosotros y que teníamos antes de conocer a Cristo (véase Romanos 8.5-8).

El hecho de que las Escrituras nos insten a *considerarnos* «muertos» a esa vieja naturaleza, (Romanos 6.11) indica que no ha dejado de causarnos problemas. Está permanentemente aliada con

Satanás y colabora con el plan del diablo repitiendo sus mentiras, como lo mostramos en el capítulo anterior.

—La brecha se inicia —le expliqué a Patricio— cuando *sospechamos* que Dios no es bueno con nosotros. A partir de allí, nuestros propios argumentos nos van alejando de la seguridad que nos da su presencia. La palabra que usa la Biblia para referirse a nuestra participación en la relación con Dios es *fe*. Esta describe el rol que nosotros jugamos. La brecha empieza precisamente cuando distorsionamos o debilitamos nuestra fe. Cuando aceptamos las mentiras de Satanás y de la vieja naturaleza, se transforman en *nuestras* falsas creencias. Nos repetimos una y otra vez esas falsas creencias, sin darnos cuenta jamás, de que son falsas. Lo que ocurre entonces —continué— es que llegamos a tener ideas ambivalentes, algo contra lo cual nos advirtió el apóstol Santiago. Es decir, nuestra fe se mezcla con creencias falsas y el resultado es una anti-fe, que nos aleja de nuestro Padre celestial. Alguien lo ha expresado de la siguiente manera: nos transformamos en «creyentes parciales». Ya ve que la grieta la empezamos nosotros, no Dios —concluí.

Patricio pudo reconocer su lucha con esta clase de ambigüedad inconsciente y eso lo ayudó a iniciar el proceso de sanidad.

Falsas creencias: la «anti-fe» de la vieja naturaleza

He aquí algunos de los falsos conceptos que promueve en nosotros nuestra vieja naturaleza. Cuando las repetimos en nuestro monólogo interior, significa que estamos a la deriva, ensanchando nuestra brecha con Dios:

«Dios no puede ser quien dice ser, porque no me trataría tan mal».

«Sé que la Biblia dice todas estas cosas maravillosas acerca de Dios, pero yo no las estoy experimentando. De modo que no pueden ser ciertas».

«La gente me dice lo que Dios ha hecho por *ellos* y me parece fantástico. ¡Pero supongo que no le importa mucho ayudarme a mí!»

«Solía pensar que Dios me estaba bendiciendo y contestando mis oraciones, pero pensándolo bien, todo eso pudo haber sido pura coincidencia».

«¿Quién soy yo para pensar que Dios se fijaría en mí? ¡Soy tan insignificante, tan poco importante! A nadie le importo. ¿Por qué entonces habría de importarle a Él?»

Cuando dejamos que la incredulidad de nuestra vieja naturaleza pecaminosa se mezcle en nuestra mente, revolviendo lo que sabemos que es cierto respecto a nuestro Padre celestial, estamos en el umbral de muchos conflictos. Sentimos menos la presencia de Dios y nos imaginamos que ha dado un paso al costado. Pronto dejamos de percibirlo y empezamos a hacer nuestra propia vida. ¡Así es como empezamos a utilizar falsos conceptos, cuando en realidad Dios quiere afianzarnos sobre la verdad, que podría mantenernos cerca de él!

Cuando los creyentes «fuertes» se alejan de Dios

Aun los hijos más ejemplares de Dios —creyentes firmes— sienten a veces que Dios está lejos y se dicen a sí mismos que la culpa es de él.

David, por ejemplo, exclamó: «¿Por qué estás lejos, oh Jehová, y te escondes en el tiempo de la tribulación?» (Salmos 10.1) Y rogó: «Despierta; ¿por qué duermes, Señor? Despierta, no te alejes para siempre. ¿Por qué escondes tu rostro, y te olvidas de nuestra aflicción, y de la opresión nuestra?» (Salmos 44.23-24).

Por medio de los profetas, Dios nos ha dado su perspectiva acerca de la verdadera situación: «Vuestras iniquidades han hecho división entre vosotros y vuestro Dios y vuestros pecados han hecho ocultar de vosotros su rostro para no oír» (Isaías 59.2). En síntesis, lo que Isaías estaba diciendo es: «No es Dios quien se esconde, o se queda lejos, o se duerme, o nos olvida. Somos nosotros quienes abrimos la brecha».

Los gálatas también estaban distanciándose de Dios y Pablo les advirtió: «Más ahora, conociendo a Dios, o más bien, siendo conocidos por Dios, ¿cómo es que os volvéis de nuevo a los débiles y pobres rudimentos, a los cuales os queréis volver a esclavizar?» (Gálatas 4.9). ¡Y al escribir a los corintios conversos, Pablo les pide que estrechen la brecha con Dios! «Así que, somos embajadores en nombre de Cristo, como si Dios rogase por medio de nosotros; os rogamos en nombre de Cristo: *Reconciliaos con Dios*» (2 Corintios 5.20, subrayado del autor)

Estos cristianos del Nuevo Testamento, como nosotros, habían gustado la dulzura de Cristo pero estaban enfrentados al Señor a causa de sus conceptos errados. Irónicamente, los gálatas no podían creer lo que Dios les había dicho acerca de su amor y los corintios no podían creer lo que les había revelado acerca de su santidad. Ambos grupos se estaban deslizando hacia el error, porque habían dejado la verdad y habían distorsionado sus creencias por la influencia del diablo. ¡El resultado fue que de alguna manera se dijeron a sí mismos que Dios y su mensaje estaban equivocados!

Cuando nuestra fe pura se empieza a mezclar con el error y la falsedad, quedamos adheridos a la mentira más grande del universo: *Dios está equivocado*. Esta mentira es el hacha poderosa que daña las raíces de la fe.

Cuando una bomba cayó sobre mi matrimonio y mi familia, atribuí la tragedia a la inmadurez de mi esposa, a las exigencias exageradas de mis tareas profesionales y académicas, a la ideología mundana en la que había estado inmerso como estudiante en una universidad secular y a un conjunto interminable de desadaptaciones y fallas del sistema. Hasta recurrí a un sicoterapeuta y descubrí que en muchas ocasiones no había sabido comunicarme adecuadamente. Es cierto, lo admití con tristeza. Pero muy dentro de mí, *culpé a Dios porque Él podía haber detenido la evolución del mal, si así lo hubiera querido*.

¿Hace Dios algo malo? Por supuesto que no. ¿Lo acusamos nosotros de hacerlo? La mayoría de nosotros, como Marta en el capítulo dos, no soñaríamos siquiera con acusarlo abiertamente. Pero cuando no estamos de acuerdo con él, *indirectamente* estamos diciendo que él es el que está equivocado.

Por ejemplo, hace poco una mujer me confesó: «Yo era una cristiana entusiasta, una chispa. Luego mi padre tuvo un ataque al corazón. Dios permitió que sufriera. El solo tener que presenciar su dolor me puso mal con Dios. Ahora no sé que pasa... voy a la iglesia, pero nada más. El sufrimiento de papá realmente arruinó mi fe».

E. Stanley Jones relató que en la graduación de su hija una de las estudiantes se dio vuelta para saludar por última vez a sus compañeras desde una ruta por la montaña. Dio un paso atrás para apoyarse en una pequeña pared... o lo que ella creía era una pared. Pero no encontró nada salvo una caída vertical. Y allí cayó, sesenta metros abajo, hacia su muerte. Era la única hija de una madre viuda.

Cuando esas tragedias absurdas suceden sin que Dios haga nada por detenerlas, ¿no guardamos pequeños pensamientos enojosos hacia Dios en los rincones de nuestro corazón, donde pensamos que él no llegará a verlos?

En ocasiones algunos creyentes «fuertes» repentinamente rompen totalmente su relación con Dios. Renuncian. Deciden que Dios es inalcanzable, o que Dios ni siquiera existe. Algunos son como ese profesor del seminario, también descrito por E. Stanley Jones, a quien un camión había atropellado y quebrado una pierna. Después de una larga y agotadora convalecencia, durante sus primeras reapariciones en los servicios religiosos, le dijo a los estudiantes: «Ya no creo más en un Dios personal. Si hubiera un Dios personal, seguramente me hubiera susurrado para alertarme del peligro del camión que se acercaba y me hubiera evitado esta calamidad!». Para él, como para muchos otros, la forma que encuentran para conducir su ira hacia Dios es eliminándolo como persona. La verdad es que este no es más que el golpe final en una separación que empieza con fisuras pequeñas, casi imperceptibles, de falsos conceptos.

Quizás usted también haya sentido, sin atreverse a expresarlo en palabras, que Dios le ha fallado. Quizás no haya llevado sus dudas al nivel de la *incredulidad*, como el profesor que negaba la existencia de Dios; pero hasta los más fuertes, se interrogan ante el sufrimiento inexplicable.

Una de las más grandiosas ilustraciones de nuestra lucha entre la fe y la falta de fe es la que ofreció Dostoievsky, el novelista ruso cristiano. En su novela, *Los hermanos Karamazov*, describe a Iván, un hombre intelectual sensible y preocupado, para quien el sufrimiento de los inocentes era moralmente inaceptable. Iván impacta y perturba a sus oyentes al relatarles sobre una pequeña niña de cinco años, a quien sus padres, personas cultas, sometían a todo tipo de tortura imaginable. No tenía dónde ir, nadie a quien recurrir en busca de protección. Sus padres le pegaban, la azotaban, la pateaban hasta que su cuerpo se llenaba de golpes. Luego la dejaban de noche fuera, en medio del frío y las heladas. Cuando mojaba la cama, le frotaban excrementos contra la cara y la obligaban a comerlo.

«¿Se dan cuenta lo que significa que una criatura así» exclama Iván, «incapaz de entender lo que le está sucediendo, que siente que el corazón le late con fuerza en ese sitio de vileza, en medio de la oscuridad y el frío y golpea su pecho en medio de lágrimas dolidas, tiernas y sin resentimiento alguno... clame "al Dios querido" implorando protección? ¿Se puede entender todo este horrible absurdo...? ¡Todo el conocimiento [del bien y del mal] no paga el precio de las lágrimas de esa criatura ante su "querido buen Dios"!» Iván concluye que ese inacabable sufrimiento es lo que lo lleva necesariamente a ser ateo.

Al leer la descripción del sufrimiento de esta niña, uno puede efectivamente sentir el impacto y la ira de Iván, porque Dostoievsky era sin duda un talentoso escritor. Pero es más probable aún que usted mismo haya sentido antes emociones similares al enfrentarse con el sufrimiento inocente, ya sea propio o de alguna otra persona, y la intención del novelista era precisamente tocar y despertar esas emociones.

Quizás no haya rechazado a Dios, pero seguramente ha sentido esa aguda tensión entre la bondad de Dios, su poder y sus promesas, por un lado, y las oraciones no contestadas, o las pérdidas rudas e inexplicables, por otro. Y en medio de esa tensión, quizás se haya preguntado si, en alguna medida, Dios no estaría equivocado. A menos que encontremos el remedio que Dios da a esta brecha que yace en el fondo de nuestras almas, empezaremos a alejarnos gradualmente, empezaremos a dudar, a volvernos críticos y cínicos. O bien seremos siempre creyentes preocupados que están esforzándose por no dar entrada a esas nociones atemorizadoras.

Todo, como diría Dostoievsky, depende de la fe y de lo que hagamos con ella.

Una enfermedad espiritual

Cuando sentimos una profunda ansiedad en nuestro espíritu, podemos o no recurrir a la ayuda del sicólogo o al consejo de un pastor. Puede ser que tengamos una idea precisa acerca de nuestros conflictos, o que no la tengamos. Quizás nos describamos como deprimidos, turbados, nerviosos, agitados, bloqueados, emotivos, irritables, con insomnio, con tendencia a engordar o adelgazar, infelices, sin interés en la vida. Quizás decidamos sofocar nuestros problemas con Dios sumergiéndonos en el pecado deliberadamente. Quizás somaticemos nuestros problemas: dolores estomacales, jaquecas, problemas digestivos, temblores, entre otras dolencias.

Si además de todo eso, nos sentimos «lejos de Dios» o parece que hemos perdido casi todo interés en él, en su Palabra y en la oración, y murmuramos que el cristianismo no ha sido de gran ayuda en nuestro caso, tal vez estemos en presencia de un problema que es, en primera instancia, espiritual: un grave distanciamiento de Dios.

Examinemos, con más detalle y detenimiento, tanto los síntomas como las raíces de la enfermedad que produce esta brecha.

SABOR AGRIDULCE

¿Recuerdas
cuando me trajiste
el fruto agridulce
cien años atrás
o ayer?
Cerezas brillantes,
apretadas entre los trofeos de la caza.
Hoy, amor mío,
recojo el rojo fruto agridulce
bajo un cielo gris de noviembre,
y te recuerdo.

He aquí que en las palmas de las manos
te tengo esculpida.

No me llaméis Noemí; sino llamadme Mara
porque en grande amargura
me ha puesto el Todopoderoso.

Acuérdate de mi aflicción y de mi abatimiento;
Lo tendré aún en memoria,
porque mi alma está abatida dentro de mí;
Esto recapacitaré en mi corazón,
por lo tanto esperaré.
Nunca decayeron sus misericordias.
Nuevas son cada mañana;
grande es tu fidelidad.
Mi porción es Jehová, dijo mi alma;
por tanto, en Él esperaré.

CUATRO

LAS GRANDES DISTRACCIONES

Como hemos visto en el capítulo anterior, hasta los hombres y mujeres que tratan de caminar en la verdad, pueden alejarse de Dios. Nos vamos a la deriva porque las verdades acerca del amor de Dios, que podrían anclarnos, no están en su lugar; porque esas «anclas» se resbalan en el subsuelo arenoso de un alma herida; porque nos resulta atemorizador admitir que estamos enojados con Dios y encubrimos nuestra sensación de distanciamiento con Él, negando el hecho. Cualquiera de estos factores o todos ellos en forma combinada, adormecen el alma, de manera que cuando tomamos conciencia, si es que lo hacemos, nos encontramos a una distancia enorme de Dios y nos enojamos con Él porque «se ha ido».

Conozco a un consejero cristiano cuya pauta primordial es la honestidad emocional; compra todo libro que encuentra respecto a cómo hacer que esa honestidad emocional funcione en la vida de una persona para que se mantenga sana y libre. Sabe reconocer cuándo la otra persona está necesitando decirse a sí misma la verdad, pero parece que no se da cuenta de que su propio espíritu está cargado de falsos conceptos que le producen dolorosas consecuencias. Es como ese médico que asiste cuidadosamente a otros, pero cubre su propia arteria sangrante con una pequeña banda adhesiva.

¿Parece exagerado? Con demasiada frecuencia hombres y mujeres inteligentes, espiritualmente sensibles, se mantienen insensibles a las raíces de sus propios conflictos. ¿Cuántas veces escuchamos de un hombre o una mujer que percibían que algo andaba mal en su matrimonio pero que decidieron ignorar los síntomas, porque preferían pensar que el problema se superaría solo? ¿O esa persona que descubre un bulto doloroso pero no quiere ir al médico, por temor a que sea un cáncer? ¿Tiene sentido hacer esto? En absoluto. Sin embargo, sucede constantemente.

La negación, como hemos visto, es una de las situaciones que nos aleja de Dios. Pero suponiendo que superemos la fase de la negación, es también muy fácil que nos concentremos en los síntomas del problema en lugar de enfocar el problema en sí mismo. Esos síntomas pueden incluir depresión, ansiedad, temor, ira (con todas sus manifestaciones emocionales, espirituales y sicológicas), una sensación de falta de sentido, dependencia del alcohol o las drogas, ingratitud, egocentrismo, cinismo, y hasta actitudes religiosas falsas y legalistas. Esta lista no es exhaustiva, por cierto, pero incluye los síntomas más frecuentes con los que luchan los cristianos, y que pueden distraerlos de la verdadera «enfermedad» espiritual subyacente.

Examinemos cada uno de estos síntomas para ver de qué manera puede estar basado en un falso concepto que nos aleja de Dios. No siempre cada síntoma en particular está ocasionado por la brecha que nos separa de Dios, pero, tomado en conjunto con otras señales, puede denotar que estamos sufriendo de lo que yo denomino *síndrome de la brecha*. No vamos a analizar aquí *cómo* comenzar el proceso de sanidad; por ahora es importante que veamos la total diferencia entre la vida y la salud que Dios nos ofrece, y los diversos estados a los que nos puede conducir ese síndrome de la brecha.

Un análisis más a fondo

Depresión... apatía... infelicidad. Quizás se haya escuchado diciéndose a sí mismo: «Me siento como si no valiera la pena hacer nada». «Mi vida no tiene sentido». «Soy un perdedor, un fracasado». «No vale la pena salir de la cama». La ansiedad emocional o ese «desanimo» puede, por supuesto, ser reflejo de desequilibrios bioquímicos, o aún deberse al efecto del cambio de las estaciones o de las variaciones en la luz. No se puede decidir que hay una brecha entre Dios y nosotros solamente porque nos sintamos mal. Pero los sentimientos negativos persistentes son, sin embargo, los síntomas más evidentes de que existe esa grieta. Vivir deprimido, contradice directamente la enseñanza bíblica de que Dios es el Padre de las luces, el dador de todo lo bueno, incluyendo una vida llena de sentido (véase Salmos 139; Santiago 1.17, 18).

Ansiedad... temor... «estrés». ¿Experimenta a menudo temor, estado de alerta excesiva, tensión nerviosa, dificultad para relajarse y descansar, o para concentrarse? ¿Síntomas fisiológicos como taquicardia, palpitaciones, exceso de sudor, sequedad en la boca, temblores, contracciones musculares? Estos son síntomas de *ansiedad y temor* y también nos advierten de una posible brecha con Dios.

En una ocasión tuve algunas conversaciones con un atleta de veinte años, al que llamaré Tino. Este joven estudiante universitario, de buena contextura física, estuvo temblando durante toda nuestra primera sesión como si padeciera de delirium tremens. Pero su reacción no tenía nada que ver con el alcohol.

Mientras conversábamos, supe que la vida de Tino estaba asediada por el temor, controlada por una «profecía» interior de que tarde o temprano su fortaleza lo abandonaría. «Me siento como si tuviera una espada pendiendo sobre mi cabeza» me dijo. «Sé que cuando salga con una chica, un muchacho más grande y fuerte que yo la va a molestar. Yo no voy a poder defenderla y el otro me va a dar una paliza. Ella pensará que no soy suficientemente hombre y elegirá al otro. Yo quedaré abandonado. Y me sentiré como un payaso de ridículo».

Cultivando constantemente esa clase de monólogo interior, no era de extrañar que Tino estuviera temblando.

Los pensamientos de Tino no hablaban tanto de que no se amara a sí mismo si no de una desconexión de la Fuente de todo poder. Nuestras conversaciones pusieron de manifiesto bastante pronto un enorme abismo entre él y Dios.

Durante la temprana adolescencia había estado cerca de Dios, pero después se había apartado de la vida cristiana en pos de lo que él consideraba un programa más placentero. En consecuencia, no tenía motivos para confiar en un Dios al que había dado la espalda, y no podía sentir que Dios lo protegería. En cambio, temía que Dios pusiera en evidencia, como a un dios falso, el ídolo que Tino había hecho de su propia masculinidad. (Más adelante ampliaremos este aspecto.) Enfrentar cada día, era para él como salir a caminar sobre hielo delgado y quebradizo, donde las oscuras aguas esperaban bajo la trama de grietas. No era raro que estuviera literalmente temblando.

Ojalá pudiera decir que Tino se sanó. Mejoró algo, pero en realidad evadía mis mejores esfuerzos por persuadirlo a tomar en cuenta su separación con Dios. Apenas si llegaba a admitir sus temores respecto a su masculinidad (que los sicólogos seculares considerarían como el problema esencial), mucho menos su desacuerdo con Dios. *Su* dios (es decir, el goce desenfrenado de su masculinidad), no podía estar equivocado. De modo que simplemente hizo a un lado al Dios verdadero, usando la habitual respuesta superficial de que la Biblia fue escrita por moralistas anticuados. No cabe duda que su incursión en el sexo libre le estaba produciendo una increíble ansiedad.

Síntomas de temor y ansiedad pueden indicar que nos estamos alejando de Dios, justamente Aquel que promete protección (véase Salmos 18, 23, 42) y descanso al alma ansiosa y atribulada (véase Mateo 11.28). Creo que esa era la situación de Tino.

Ira. Incluye la amargura, hostilidad, impaciencia, desprecio, violencia, sarcasmo, cinismo, constante irritabilidad, infidelidad y ajuste de cuentas.

Hay personas que parecen emitir ondas de ira. Al encontrarse con ellas, uno se queda luego pensando qué hizo para ponerlas furiosas. Viven con el ceño fruncido, se dirigen a los demás de manera ruda, se ofenden por cualquier cosa, insultan provocativamente («Le diré, doctor, que no confío mucho en su terapia») y se esfuerzan por encontrar de qué quejarse. Expresan resentimientos hacia sus cónyuges, compañeros de trabajo, figuras de autoridad, miembros de la familia y a menudo, hacia Dios.

Pero la ira puede tener otro rostro. Algunas personas crónicamente enojadas, reaccionan totalmente al revés. Se muestran simpáticas, dulces, ultracooperativas y agradables. «Lo que tú quieras está bien para mí. ¡Estoy dispuesto a todo!» Pero no lo sienten en absoluto. Se toman la revancha haciendo algo que precisamente no esperábamos que hicieran. Algunos sonríen todo el tiempo no importa qué suceda, porque han aprendido a enmascarar su ira que ellos mismos consideran peligrosa y pecaminosa. Rara vez se explotan, pero traicionan su verdadero estado emitiendo señales «suaves» de enojo.

Señales suaves de ira. La ira reprimida es uno de los problemas más frecuentes entre los cristianos. En aquellos que han reprimido la ira contra otros o contra Dios, el primer síntoma puede aparecer como estrés o fatiga *no* relacionada con esfuerzos físicos. Otros indicadores son:

Ajustar cuentas con otros mediante maniobras pequeñas poco evidentes. ¿Llega tarde intencionalmente porque su amiga le hizo esperar la otra vez que se encontraron? ¿Se queda callado sin cantar el próximo himno porque el pastor nunca selecciona los himnos que usted pide? ¿Deja deslizar con toda maestría un tinte de frialdad en la voz, porque su hijo pasó por alto su cumpleaños? ¿Deja de hacerle un favor a alguien, porque recuerda que esa persona no ha hecho nada por usted últimamente?

Sentirse irritable, molesto, intranquilo, fácilmente herido. Se siente como si alguien estuviera constantemente pasando la uña por el pizarrón. Le gustaría (pero rara vez lo hace) perder los estribos con su cónyuge, sus hijos, su compañero de habitación, sus colegas y hasta su jefe.

Desórdenes fisiológicos. Presión arterial elevada, tensión, dolores musculares, jaquecas, dolores de espalda, calambres, espasmos, colesterol alto, dolencias digestivas, espasmos de colon, úlcera, irritación intestinal y hasta afecciones cardíacas (según algunos experimentos recientes) pueden ser todos manifestaciones de ira no resuelta.[1]

Rechazo a la religión. La ira reprimida puede manifestarse como una reacción contra las expresiones religiosas: palabras, frases, o enseñanzas. Una persona puede llegar a sentirse irritada, triste, o desesperada cuando escucha las promesas de Dios. El nombre de Dios, las oraciones, y la Palabra del Señor, pueden actuar como un abrasivo y provocar discusiones ácidas y expresiones de cinismo.

Uno o todos estos síntomas pueden aparecer cuando reprimimos la ira, aun cuando las promesas de Dios dicen que sus hijos van a disfrutar del fruto gozoso y apacible de su Espíritu (véase Gálatas 5.22-23) y que su obra en nosotros producirá reconciliación con los demás (véase 2 Corintios 5.18).

Dudas... distanciamiento... falta de sentido. «Dios parece lejano», murmuró Hortensia. Esta mujer de sesenta y cinco años había perdido en un breve lapso su salud, su esposo, su hogar, sus muebles y sus posesiones y luego uno de sus hijos. Los medicamentos antidepresivos no la ayudaban. Dudaba de Dios y estaba enojada con Él porque sentía que la había tratado injustamente. Desde su perspectiva, todo lo que había sucedido le quitaba sentido a la vida.

Cuando percibimos a Dios como un ser malévolo e impredecible o alejado —pese a todo lo que nos ha revelado de sí mismo en Jesucristo—, nos enfermamos mental, emocional y físicamente. Los síntomas resultantes pueden incluir dudas conflictivas y una sensación de vacío, a pesar de que Dios claramente promete darnos esperanzas hacia el futuro (véase Jeremías 29.11).

---

[1] Todas esas afecciones pueden tener otras causas, de modo que es necesario asegurarse de que el médico descarte toda patología tratable. Y aun cuando el problema de origen fuera la ira, puede ser necesario tratar paralelamente los síntomas físicos.

Racionalización de elecciones incorrectas. Los síntomas de la brecha que tenemos con Dios pueden incluir tanto sentimientos como *actitudes defensivas*, por ejemplo, la racionalización de una elección incorrecta.

Cuando queremos incurrir en un pecado, es fácil racionalizarlo. ¿Se ha descubierto alguna vez diciendo: «Yo tengo derecho a un poco de diversión, aunque vaya en contra de los mandamientos de Dios?»

Recientemente un hombre me dijo que estaba viviendo con su novia porque no quería esclavizarse con un matrimonio, del que no podría salir fácilmente si las cosas no funcionaban bien. No podía reconocer su propia confusión, respecto al hecho de que el amor real y verdadero siempre implica un compromiso. De manera que lo más que podía hacer, era elaborar esta triste racionalización de su conducta.

Que lamentable que sigamos buscando intimidad, aceptación, amor, cuando nuestros pensamientos *no* sanos nos impiden alcanzar eso mismo que anhelamos (véase Proverbios 4.20–5.23).

Alcohol y drogas. Cuando el abismo con Dios priva nuestra vida del sentido que *Él* le daría, intentamos encontrar ese "gancho" en alguna otra fuente.

Como mencioné antes, yo traté de encontrar ese sentido en el alcohol. Sé por experiencia que la gente que depende de las drogas invariablemente encuentra en ellas esa «energía» que alimenta su engañosa ilusión. Realmente *creen* (aunque no se den cuenta de ello) que las drogas harán por ellos más de lo que Dios puede hacer. Hasta su monólogo interior incluye frecuentes referencias a sus drogas favoritas, porque han llegado a convencerse de que es la única forma de soportar la vida. Por eso es que a las seis de la tarde se recuerdan a sí mismos: «Faltan apenas dos horas y me tomaré otro trago. Entonces la vida será buena otra vez».

Muchos transitan por esta senda de abuso buscando vida, pero sólo encuentran más sufrimientos y alienación; ignoran tanto las advertencias de Dios como su ofrecimiento de verdadera vida en unión con el Espíritu Santo (véase Proverbios 20.1; Efesios 5.18).

Falta de gratitud. Hasta los perros «sonríen» y mueven la cola para mostrar gratitud. Pero las personas que se han alejado de Dios, rara vez sienten ese impulso interior de gratitud hacia Él, aun si se definen como cristianos. Más aún, rara vez tienen una actitud optimista, ni ven que Dios esté actuando en sus vidas de alguna forma. Gradualmente, a medida que la brecha se ensancha, empiezan a considerar que las cosas buenas que suceden se deben al *azar* y que Dios es más bien, una fuente de pesares. Lentamente su *ego* se torna en el centro del universo.

La gratitud natural es normal y ocurre de manera instintiva en los seres humanos, no sólo en los cristianos. Las reflexiones de quienes están separados de Dios por un abismo, en cambio, muestran un marcado déficit en esa reacción instintiva de la criatura hacia la benevolencia de su Creador (véase Salmos 65.11-13; 69.34; 96.11-13; 98.4-9).

Expectativas egoístas insatisfechas. Tenga cuidado con las conversaciones que evidencian que Dios ha sido desplazado a una posición periférica. «Porque no me gusta...» es razón suficiente para que algo no deba suceder. «Prefiero pensar que...» es la razón que dan por la que la realidad debe amoldarse a sus perspectivas. «Quiero...» es explicación suficiente de por qué el universo está en deuda con ellos.

En mi caso, yo quería que se me devolviera mi familia y me negaba a creer que Dios pudiera no hacerlo. ¡Después de todo, mi pretensión era absolutamente bíblica! Dios no tenía por qué *no* actuar de acuerdo a mis deseos. Yo quería que las cosas se hicieran a *mi modo* o no se hicieran. A menudo he encontrado pretensiones egocéntricas similares, en las personas que sufren de una brecha con Dios, después de una pérdida que consideran injusta. Lo único que logra esa actitud egocéntrica es encerrar a las personas en un mundo de fantasía, donde sus *deseos* crecen como una jungla, a pesar de que Jesús ha declarado que aquel que le ama y obedece recibirá enorme amor del Padre (Juan 14.23).

Angustia al ver que nuestra perspectiva del mundo no funciona. Escuchamos a algunas personas angustiadas porque su perspectiva del mundo parece no dar los resultados que esperaban. Se habían imaginado la vida de una determinada manera y pusieron a funcionar alguna variable que suponían les daría felicidad y plenitud: jerarquía, éxito, fama, logros, dinero, seguridad, sexo o aun «un ministerio para el Señor». Construyeron su sistema de vida en torno a esta perspectiva elegida. Pero los dioses falsos siempre se caen. La ansiedad aparece porque tienen miedo de renunciar a sus dioses (cualesquiera que estos sean), a pesar de que hayan dejado de proporcionarles satisfacción.

Lo que esas personas deben aprender es cómo el descansar en Dios y el confiar completamente en que Él, les dará bienestar y un «lugar en el mundo». Se han afirmado sobre su propio concepto de la vida, en lugar de buscar esa sabiduría en Dios (véase Proverbios 3.5-8).

Cinismo. El cínico cree que las cosas no pueden si no empeorar, nunca mejorar. Sus dioses le han fallado. ¿Por qué creer en el futuro si le pueden volver a fallar? El entusiasmo irrita a la persona cínica, y muestra desprecio hacia los que andan por ahí diciendo que han sido salvados, sanados, recompensados o amados. «Esperen a *ver*», es su comentario cínico. Desdeña las demostraciones emocionales en contextos religiosos.

Por dentro, tiene miedo de exponerse a otro desengaño. Lo que menos quiere es que le ofrezcan otra esperanza. La única defensa que le queda es concebir la vida como un signo de pregunta y evitar todas las respuestas esperanzadoras.

Pero Dios le dice al cínico: *Debes confiar en mí de todo corazón, alma, mente y fuerzas, porque cuando realmente deposites en mí todo el peso de tu confianza, encontrarás que yo soy la verdadera respuesta* (véase Mateo 22.27). Aunque todos los hombres sean mentirosos, yo soy veraz (véase Romanos 3.3, 4).

Falsa religiosidad y legalismo. La religiosidad es un fenómeno sicológico, a pesar de que rara vez se le trata en los textos de sicología.[2] Estas son defensas que algunos adoptan para encubrir su brecha con Dios.

Esta defensa «religiosa» permite que los que están sufriendo una brecha con Dios eviten enfrentar la desagradable verdad acerca de cuánto se han alejado de Él, de esta manera mantienen cierto bienestar, aunque pagan un precio altísimo.

La «super-espiritualidad» (que nada tiene que ver con el Espíritu Santo) implica mantener en público una actitud supraterrenal, mientras que en privado se «aterriza», padeciendo jaquecas crónicas, adicción al alcohol o a las drogas medicinales o sintiendo hambre de pornografía. Las posturas religiosas fanáticas o fraudulentas pueden acompañarse de una vida muy distinta pero oculta, de tristeza, desencanto, fracaso y deshonestidad. A causa de ese ocultamiento tímido y ansioso que los hace asumir una falsa pero segura imagen bonachona, algunas de esas personas delatan su temor a no alcanzar su propia exigencia de perfeccionismo.

Tranquilizantes. Si bien a menudo es el abuso del alcohol y las drogas ilegales lo que acompaña la creciente brecha espiritual de algunas personas, es más frecuente la elección de las drogas medicinales para aliviar el sufrimiento que produce esa vida de religiosidad hipócrita.

Estas drogas (como el valium y otras) tienen su función dentro de la terapia médica, pero puede abusarse de ellas, lo mismo que de las pastillas para dormir, ansiolíticos, o de tantas medicinas para el dolor, el frío o la tos.

---

2 La sicología a menudo evita la religión, a pesar de que la religión es un hecho importante para la mayoría de las personas. Algunos sicólogos han producido buenas investigaciones sobre el fenómeno religioso. Sin embargo, la mayoría supone que los temas religiosos son insignificantes y que no necesitan ser tratados en trabajos sobre sicología patológica, sicoterapia o teorías de la personalidad. Es cierto que muchos sicólogos son contrarios a la religión, pero su supuesto de que por lo tanto la religión no merece consideración seria, no es más que un enorme prejuicio.

Como estas sustancias insensibilizan temporalmente un organismo ansioso, la gente se autoengaña buscando ayuda en ellas.[3] También suele suceder que la gente que abusa de los medicamentos pase gran parte del día en la cama. Esto también puede ser una conducta de escape o evasión, que lo mismo que la dependencia de los sicofármacos, debería obligarnos a enfocar la brecha en sí misma.

Protegido de esa forma de la exposición externa de la verdad y de la revelación interior de la misma, el super-religioso legalista o hipócrita pierde la percepción sanadora que le ofrecería una espiritualidad genuina. Se niega a reconocer que su verdadero adversario es su propia naturaleza que lo separa de Dios, que sería precisamente el primer paso hacia su sanidad. Sólo cuando la persona que sufre se enfrenta a esta desagradable e incómoda verdad —de que todavía hay en nosotros una naturaleza contraria a Dios—, puede la auténtica espiritualidad empezar su proceso regenerador.

Conozco a un amigo que...

¿En quién estuvo pensando mientras leía los síntomas arriba descritos? ¿En algún otro? La primera vez que prediqué un sermón cuando era un joven pastor, un amigo de la familia me felicitó y me dijo: «Me hubiese encantado que Sarita estuviese aquí. ¡Ella realmente necesitaba escuchar lo que predicaste!» Corremos el riesgo de no enfocar hacia adentro y permitir que el Espíritu Santo de Dios ilumine los síntomas de nuestra propia brecha. Es muy fácil que racionalicemos y reprimamos no sólo nuestra ira, sino otros rasgos desagradables. Quizás digamos cosas como estas:

---

3 Pero no *siempre*. Escribo esa sección con temor y temblor porque hay muchas personas que precisamente evitan la *medicina útil* con una actitud tan perfeccionista y equivocada como aquellos que dependen de los tranquilizantes y demás drogas. Hay medicinas sicotrópicas que no se limitan a aliviar el sufrimiento, sino que efectivamente corrigen ciertas patologías y desequilibrios químicos. Como todo en la vida, lo que importa es el criterio acertado en cada caso.

«No estoy deprimido. *No puedo estarlo*. ¡Estoy tratando de ser un cristiano gozoso!»

«¿Ansioso? Yo no. La carta a los Filipenses nos dice que "no estemos ansiosos ni preocupados por nada". Yo soy un cristiano que cree en lo que dice la Biblia. No puedo estar ansioso».

«¡No soy un adicto a los tranquilizantes. Los necesito!»

«¿Yo, un alcohólico? ¡De ninguna manera! Mi libertad en Cristo me autoriza tomar un trago de vez en cuando, pero puedo detenerme cuando quiero. Sí, es cierto, a veces tomo un poco de más. ¿No le pasa a cualquiera?»

«No estoy siendo sarcástico. ¿Acaso nadie tiene sentido del humor aquí?»

«Toda mi irritabilidad se debe exclusivamente a síntomas premenstruales».

«Estoy frustrado por culpa de mi esposa».

«Estoy furioso con mi mezquino empleador y su actitud avara. ¡Nunca me paga lo suficiente por el duro trabajo que hago!»

¿Por qué no pedirle al Señor de la verdad que le muestre las áreas en las que puede haber síntomas de una brecha con Él? Si Él nunca está en contra nuestra, sino siempre, siempre, *a favor* nuestro (véase Romanos 8), ¿qué mal nos puede hacer? Reconocer nuestros síntomas es el primer paso hacia el diagnóstico y la curación.

¿Cuántos de los siguientes síntomas son característicos de su situación? Use la siguiente lista de comprobación como un «espejo» espiritual:

_____ A menudo me aqueja la depresión, la desilusión y el sentimiento de que la vida no tiene sentido.

_____ Siento ansiedad o temor por cosas que en realidad no debería sentir. Por ejemplo:

_____ Me pone ansioso lo que otros puedan pensar de mí.

_____ Me preocupo mucho acerca de las finanzas, la salud, la seguridad de los que amo.

_____ Me siento tenso y ansioso por algo, pero no logro a descubrir qué es.

_____ Me enojo con demasiada frecuencia con

_____ Estoy *crónicamente* enojado con

_____ Trato de ajustar cuentas con otros usando recursos pasivos y sutiles (por ejemplo, llegar tarde a una cita, hacer o decir cosas que sé que no les agradan).

_____ Creo que cargo una enorme ira reprimida.

_____ Soy impaciente.

_____ Me gustaría golpear a alguien cuando me enojo.

_____ Me pongo violento y le pego a la gente o rompo cosas.

_____ Sé que estoy enojado con Dios porque Él hizo/o no hizo

_____ Me siento lejos de Dios la mayor parte del tiempo.

_____ Tengo la habilidad de presentar excusas o «razones» para la mayor parte de mis faltas y malos hábitos.

_____ Uso alcohol y/o drogas y creo que soy adicto de alguna de esas sustancias. (Por ejemplo, ocasionalmente bebo en demasía; o no podría arreglármelas sin los tranquilizantes o las píldoras para dormir.)

_____ Si tengo que expresar gratitud a Dios, lo hago de manera falsa. (O rara vez lo expreso.)

_____ Casi nunca veo las cosas de manera optimista o positiva.

_____ Pienso en mí mismo primero, último y siempre. Que los demás se ocupen de sí mismos.

_____ Creo que todas las personas son egoístas. No se puede confiar en nadie en esta jungla.

_____ A veces me digo a mí mismo las siguientes declaraciones (lo que sigue son falsos conceptos que indican con toda seguridad una brecha con Dios. Si habitualmente forman parte de tus reflexiones, puede ser señal de un grave problema espiritual):

_____ Dios a menudo parece muy lejano.

_____ Creo que Dios no me ama.

_____ A Dios le gusta verme sufrir.

_____ Nada funciona conmigo.

_____ Cuando leo la Biblia, me pongo triste porque nada de lo que contiene se aplica a mi persona.

_____ Me cuesta creer que un Dios bueno permitiría tanto sufrimiento.

_____ He probado todo, pero no he mejorado nada o casi nada.

_____ A menudo dudo de la existencia de Dios, de su bondad o de sus promesas.

_____ Me encuentro a mí mismo preguntando: «¿Por qué a mí me toca *todo* lo malo?» Creo que Dios se equivoca permitiendo que me pasen cosas malas todo el tiempo.

Autodiagnóstico

Si se ha mirado honestamente en el espejo, es hora de hacer un diagnóstico. Pero cuidado: la mayoría de nosotros ha estado influenciado por la sicología popular y diagnosticamos nuestras enfermedades en términos de problemas externos y *no* como una enfermedad espiritual.

En consecuencia, habitualmente permitimos que los síntomas superficiales enmascaren la enfermedad más profunda. Aunque todo lo que podamos saber acerca de nuestro pasado puede ser un paso hacia la verdad más profunda, es sólo un paso. No nos conformemos, por ejemplo, con creer que la ansiedad o la ira que sentimos se debe a que fuimos criados en un hogar donde todos perdían los estribos. No nos tranquilicemos con la explicación de que recurrimos a tácticas sutiles para ajustar cuentas con los demás porque nos sentimos aterrorizados de que lleguen a quedar expuestos a nuestra ira directa. Trascendamos de lo sicológico a lo espiritual.

Este capítulo tenía la intención de mostrar cómo diversos problemas se relacionan con una brecha escondida que nos separa del Señor. Si al revisar la tabla se ha identificado con algunos de los problemas descritos, es tiempo de tomar el paso siguiente, que es el más crítico de todos.

Pregúntese a sí mismo: «¿Me he alejado o he huido de Dios en alguna forma? ¿Tengo algún conflicto con Dios mismo?»

Si piensa que pudiera ser así, querrá saber porqué sucede eso, y cómo acabar con esa separación que sólo puede acarrearle fracaso. ¿Acaso los mismos síntomas no se lo están mostrando: los malos frutos que derivan de estar *desconectado* de Dios?

Busque claridad

Antes de que pasemos a examinar esa reacción contraria a Dios, lo insto a orar, en palabras semejantes a estas:

Padre, despierta mi espíritu por el poder de tu Santo Espíritu. Guíame a la verdad acerca de mí mismo. Si he abierto una brecha que me separa de ti, te pido que me lo muestres y me guíes a la salud. A medida que avance en esta travesía espiritual, muéstrame las actitudes hacia ti que sean equivocadas y que estén causando esta separación entre ambos. Te lo pido en el nombre de Jesucristo, tu Hijo. Amén.

VIAJE EN CANOA

PRIMER CAMPAMENTO

Una roca larga y plana
justo apropiada para subir las canoas.
Allí nos sentamos y lloramos,
   recordando,
      al esposo y padre
         que se marchó para siempre
            donde no podremos ir todavía.

Jaime, nuestro amigo,
no sabía cómo consolarnos;
lanzó el anzuelo desde la playa
   y atrapó un enorme pez,
      llamándonos a gritos
         que llevemos la red.

Qué extraño atrapar un pez
   justo aquí,
      sin carnada,
      sin esfuerzo,
         casi sin intención.

Secamos nuestras lágrimas,
   nos reímos juntos,
      hicimos un fuego
        y asamos el pez
         para desayunar.

Junto a los ríos de Babilonia,
   allí nos sentábamos,
      y aun llorábamos,
         acordándonos de Sion.
Les dijo Jesús:
   Venid, comed.

CINCO

¿SE EQUIVOCA DIOS?

Ya hemos considerado antes como nos afecta la negación, es decir, la negación de los sentimientos que tenemos tanto hacia nosotros mismos como hacia Dios. Además, hemos empezado a considerar con realismo los síntomas que padecemos, para ver de qué manera se relacionan con la verdadera raíz del problema, que es el hecho de que, de alguna forma, nos hemos ido distanciando de Dios.

Ahora necesitamos considerar la naturaleza de la brecha en sí misma. En la base de nuestros problemas, no importa en qué forma se presenten, creo que hay un problema esencial: un desacuerdo con Dios respecto a qué es *bueno* y particularmente, qué es lo bueno para cada uno de nosotros.

Sea que no estemos de acuerdo con Él respecto a algo que queremos hacer (y que Él ha prohibido), o sea que nos opongamos a algo que ha sucedido en nuestras vidas y que no queremos aceptar (algo que Él ha permitido), nuestra premisa esencial es que Dios se equivoca respecto a lo que es bueno para nosotros. Puede ser que se sienta sorprendido o perturbado, pero lo cierto es que nuestras quejas respecto a los sucesos desgraciados y nuestra elección de lo que es malo, ambas tienen su raíz en el mismo desacuerdo que tenemos con Dios.

La trágica historia de Gregorio y Clara ilustra este asunto.

Anatomía de una brecha con Dios

Clara sabía que iba a ser difícil, pero resultó peor de lo que se había imaginado. Le había dado la «buena noticia» a Gregorio y a él se le había encendido el rostro de ira.

—¡Dime que no lo estás inventando! —reaccionó—. ¡Dime que no estás de nuevo embarazada!

—Lo estoy —contestó ella juntando coraje—. El doctor tampoco lo podía creer. Es para marzo. Por favor, Gregorio, no...

—¿No *qué*? —interrumpió con furia—. ¿Que no me encolerice? Tengo cincuenta y tres años. Ya he pagado los estudios universitarios a tres hijos. Quiero vivir *yo* ahora. Quiero que abortes, Clara.

—¡Gregorio —reaccionó ella—, *sabes* que no puedo matar a nuestro hijo! A mí tampoco me entusiasma. Pero es un hecho que tenemos que enfrentar. Podemos hacerlo juntos.

—*Yo* no tengo que enfrentarlo —dijo fríamente él.

Una semana más tarde, Gregorio seguía inflexible. Lanzó un ultimátum. «Toma una decisión, Clara. O abortas o te las arreglas sola. Lo digo en serio. Si mantienes el embarazo, me marcho».

Durante el tenso mes que siguió, las únicas palabras que intercambiaban eran: «Hay que lavar el auto hoy». «La cena estará lista a las ocho». Clara trataba de esconder su aflicción y seguía orando que su esposo se calmara y aceptara el embarazo. Pero Gregorio no transaba.

Un domingo por la tarde, Gregorio lanzó la bomba: «Lo he decidido, Clara; sea que continúes el embarazo o no, yo me propongo encontrar plenitud de vida en alguna parte, de alguna forma. Quiero encontrar algo de felicidad antes de que la vida se me escape y termine amargado y frustrado. Preferiría que me azotaran antes que causarte esta pena, pero tengo que hacer lo que es mejor para *mí*. Y esa es mi decisión final».

Hacia el fin de la semana, Gregorio ya se había mudado. Y Clara se dormía llorando cada noche.

En cuanto a Gregorio seguía repitiéndose a sí mismo que tenía todo su derecho de iniciar una aventura amorosa con una mujer de la oficina. Aunque se consideraba cristiano, se decía que Dios debía comprender lo importante que era para él encontrar «verdadero» amor y felicidad. Sin embargo, en el fondo no creía que Dios entendiera sus necesidades más profundas y eso lo irritaba. De modo que este desacuerdo entre Gregorio y Dios puso sobre el tapete el tema de qué es lo bueno.

Gregorio rechazó el bien que Dios le daba en dos terrenos diferentes pero relacionados.

Primero, rechazó el bien de Dios al reaccionar con frustración e ira ante el embarazo de Clara. Se dijo a sí mismo, erróneamente, que estaba «esclavizado» a una mujer avejentada y embarazada, lo que equivalía a decir que su vida era desgraciada. No podía aceptar el embarazo porque el matrimonio perdía así el atractivo físico.

Pero es fácil ver que el matrimonio de Gregorio y el embarazo de Clara eran cosas que Dios había o bien determinado, o bien permitido. Dando por sentadas falsas creencias acerca de la importancia de estar «enamorado» y convenciéndose de que el entusiasmo y la ausencia de responsabilidad eran el bien supremo, Gregorio eligió creer que Dios se *equivocaba* respecto a lo que era bueno para él.

En segundo lugar, Gregorio siguió rechazando a Dios al actuar de manera contraria a lo que Dios declaraba que era bueno. Haciendo a un lado su responsabilidad hacia su esposa y su familia, Gregorio eligió lo que él consideraba bueno para sí mismo. Gregorio siguió su camino, que era ir *en contra* de Dios.

Quizás, como cristiano, no se identifique con el pecado de Gregorio o con su decisión de alejarse de Dios. *Alto.* ¿Acaso no nos aleja de Dios cada decisión en la que conscientemente elegimos desobedecerle o culparlo de nuestro infortunio? Debemos ser cautelosos de no parecernos al fariseo que miraba al «pecador» y decía: «Te doy gracias, Señor, porque no soy como ese hombre». Esa clase de autojustificación es *ceguera* y nos conduce al terreno más peligroso, donde nos volvemos insensibles a las convincentes sugerencias del Espíritu Santo, cuando pone el dedo sobre nuestras faltas.

Cuando estamos en desacuerdo con Dios, o cuando lo resistimos, ¿acaso no estamos en realidad diciendo: «Sé lo que es bueno para *mí* y lo que necesito»? Hasta los cristianos podemos adoptar la actitud de que sabemos casi siempre qué es lo bueno para nosotros. Por supuesto que admitimos que no lo sabemos *todo*, pero en alguna medida estamos convencidos de que conocemos nuestras necesidades reales. Eso es así porque hemos aceptado la falacia de que lo que *deseamos* es una señal confiable de lo que *necesitamos*. Hacemos equivaler nuestros deseos con lo que es bueno para nosotros.

En otras palabras, si deseo algo, debe ser bueno. Y si Dios piensa de otra manera, entonces discuto con Él. Hasta estoy dispuesto a dudar del amor y de la sabiduría de Dios cuando no obtengo lo que deseo.

Lo que usted y yo estamos dispuestos a afirmar es que Dios está *equivocado*.

Examinemos más detenidamente qué es lo que ocurre en una relación cuando hay un profundo desacuerdo.

Cuando discuto con otra persona es porque estoy bastante seguro que yo sé qué es lo correcto y la otra persona no lo sabe. El problema es que la otra persona está tan segura como yo de que ella sabe lo que es correcto. En consecuencia, no nos ponemos de acuerdo y nos distanciamos.

En los últimos días, en mi consultorio, he escuchado diversas versiones de esta discusión acerca de lo que es bueno, que tanto ensucia y arruina las relaciones humanas:

> Teresa se queja porque Jorge insiste en jugar al tenis tres veces por semana, cuando ella quisiera que se concentrara totalmente en el pequeño negocio que tienen. Para él el tenis es bueno, mientras que atender el negocio es una carga. En cambio Teresa piensa que es bueno que Jorge se dedique enteramente al negocio y que el tenis no tiene sentido y no lleva a la familia a ninguna parte.

> Carlos discute una vez más con su madre acerca de fumar. Ella quiere que él deje de hacerlo, mientras que Carlos considera que un uso moderado lo mantiene relajado. Carlos argumenta que fumar marihuana es bueno, mientras que su madre argumenta que debe dejarla.

Rut relata una discusión con su pastor acerca de la participación activa de las mujeres en el servicio de adoración. «Le dije que ha llegado el momento de incluir a las mujeres en la conducción de la adoración, pero no me escucha. Sigue diciendo que la Biblia nunca dice que las mujeres pueden conducir la adoración. ¡Es tan exasperante!»

Felipe comenta de la insistencia de su hijo en que su padre ya tiene demasiada edad y es demasiado lento para trabajar en el negocio de la familia, de modo que debería retirarse. Felipe insiste en que él conoce el ramo desde hace mucho tiempo y que por lo tanto sería un aporte demasiado valioso para perder.

Celia se lamenta de que su esposo quiere gastar el dinero extra que han recibido para hacer una cabaña, mientras ella considera que la casa necesita reparaciones. Discuten interminablemente.

¿Advierte cómo cada una de las partes en estos enfrentamientos considera que su propia idea es la que resultará en el bien supremo? Es fácil discutir sin tener siquiera en cuenta el concepto del otro, cuando cada uno tiene perspectivas totalmente diferentes. Podemos empezar a reconocer cómo, pese a todos los acertijos planteados por la raza humana respecto al tema de lo que es «bueno», cada uno piensa que su perspectiva es correcta, aunque Dios lo piensa de otra manera.

Pensemos nuevamente en Gregorio, resentido por el embarazo tardío de su esposa. Gregorio creía, como muchas otras personas, que su propia gratificación inmediata era el bien supremo. A la luz de esta «certidumbre», abandonó a Clara y al bebé por nacer, a cambio de otra mujer. De hecho, Gregorio distorsionó la verdad hasta que dejó de ser verdad, hasta que llamó «a lo bueno malo y a lo malo bueno» (véase Isaías 5.20). Para decirlo lisa y llanamente, había pervertido su sentido del bien hasta que se quedó totalmente del lado de lo malo.

Aun las personas espirituales y bien intencionadas pueden equivocar lo que es el plan de Dios para su vida, como ocurrió con muchos hombres y mujeres en la Biblia. David pensaba que sería mejor librarse del esposo de Betsabé, Urías, para cubrir su propio pecado de adulterio. Jacobo y Juan y su madre, Salomé, pensaban que era sabio pedir las posiciones de privilegio en el reino venidero de Jesús. Ananías y Safira pensaban que era bueno quedarse con una reserva financiera y mentir al respecto a los apóstoles. Pedro pensaba que era mejor no comer carne con los gentiles delante de visitantes judíos. Aunque cada una de estas personas pensaba que sabía cómo elegir el bien, sin embargo se equivocaban.

Esto nos confronta con una gran ironía, esta es la anatomía de nuestra brecha con Dios: la razón por la que hacemos opciones obviamente contrarias a la voluntad de Dios *no* es que pensemos que esas cosas sean malas para nosotros. ¡Lo hacemos porque creemos que van a ser buenas! Y después terminamos quejándonos ante Él, y hasta enojados con Él, porque ha prohibido cosas que en realidad nos arruinan, y nos ha orientado hacia la vida, la salud, la bendición!

Considere lo siguiente: la gente no se empapa el cerebro con alcohol, ni toma píldoras porque piense que le va a producir algo malo, si no porque están convencidos de que les va a proporcionar placer. No mentimos, engañamos, cometemos adulterio ni pasamos chismes porque pensamos que nos va a hacer sufrir, sino porque pensamos que de esa forma vamos a encontrar lo que nuestro corazón anhela. Y así, conscientemente, nos alejamos de Dios porque creemos que sabemos lo que es mejor para nosotros. ¡Nuestras mentes, cegadas por el pecado, han decidido que nuestro Creador y sus leyes están totalmente equivocados!

La mente humana finita se opone a la mente de Dios

Hasta aquí, hemos estado considerando dos formas principales que toma nuestro enfrentamiento con Dios: por un lado, a menudo contradecimos lo que Dios hace o permite que nos ocurra; por otro, hacemos elecciones que Él ha prohibido. Pero aún no hemos mencionado el asunto más corriente que provoca nuestras discusiones con Dios: es el pecado.

Desde el punto de vista sicológico, el pecado se enraiza y empieza a crecer cuando mi mente finita me dice que Dios está equivocado respecto a qué opciones y acciones son buenas para mí. Cuando yo he decidido que Dios *está equivocado,* luego actúo según mis propios juicios, en oposición a Dios. En ese sentido, el pecado es una aberración sicológica, tal como lo son la histeria o la depresión, que nacen de ese oscuro rincón de la mente en el que reinan las falsas creencias.

Pese a las glamorosas descripciones que algunos se hacen respecto al pecado —hombres inteligentes y trajeados, diseñando planes para hacerse ricos; presentan abrazos apasionados de cuerpos esbeltos, bebidas excitantes burbujeando en vasos de coctel, diversión, aventuras, buena vida—, la *realidad* es que, el pecado no es glamoroso: el pecado conduce a la muerte.

Un programa popular de televisión presentó una vez un invitado que sabía mucho acerca de la liberación de los malos espíritus: Malaquías Martin, sacerdote, escritor y exorcista. Con aspecto de duende travieso, el Padre Martin arqueó las cejas y miró directo a la cámara, susurrando: «¡Es en la *mente* en donde Satanás quiere atraparte! ¡La *mente*! El diablo no va a saltar desde detrás de un arbusto para aferrarte. No es a las glándulas a las que apunta. ¡Es a la *mente*! ¡Tu *mente*! Y si logra atrapar tu mente, ya te tiene». La manera en que pronunciaba la palabra *mente* lo ponía a uno, lo suficientemente incómodo, como para echar una mirada hacia atrás, por si acaso esa sombra que uno veía por el rabillo del ojo, fuera *realmente* algo que se dirigía hacia uno. Nadie que haya presenciado ese programa puede haberlo olvidado: la mente es el órgano más vulnerable.

Creo que Malaquías Martin estaba en lo cierto. Cuando Satanás puede entrometerse en nuestra mente, tratará de persuadirnos de que Dios se ha equivocado respecto al bien. Ese error es la fuente del mal. Por lo tanto, el pecado no crece a causa de nuestro apetito por la bebida o por la comida. No se origina en nuestros órganos genitales. No puede ser provocado por la riqueza o por las apariencias, o porque otras personas balancean chucherías tentadoras ante nuestros ojos. No pecamos porque nuestros amigos nos «hagan» envidiosos, o porque hagan cosas que nos enojan. El pecado se origina en mi mente y en la suya cuando damos por sentado que algo es bueno cuando Dios ha declarado que es malo, o cuando consideramos malo lo que Dios considera bueno. En ese momento, hemos iniciado una brecha con Dios.

Puesto que Eva es quien tiene la desafortunada distinción de haber iniciado la primera brecha con Dios que condujo al pecado original, prestemos atención a su historia por un momento. Nos ayudará a percibir lo crítico que resulta un distanciamiento mental con Dios, en el proceso que conduce al pecado.

Al parecer, Eva tenía incorporadas desde el principio dos creencias en su mente: (1) la vida, la salud y la bendición provenían de la obediencia al Creador; (2) hacer lo que Dios había prohibido conduciría a la muerte. Sabía que Dios sólo deseaba el bien para ella.

Entonces llegó Satanás que confundió la mente de Eva con lo que llamaríamos «un proceso de concientización, una discusión educativa». Permitiéndose albergar la sugerencia del Enemigo de que quizás Dios no era tan bueno como parecía, Eva terminó creyendo que la única cosa del mundo que Dios le había prohibido en realidad era buena para ella.

Imaginemos la reflexión de Eva: debe haberse dicho que esa apetecible fruta seguramente le haría tanto bien que Dios se sentiría amenazado por ella. Y cuando ella alcanzara todo ese conocimiento del bien y del mal ¿qué podría detenerla de hacerse igual a Dios?

Se trataba, como dicen, de una cuestión de poder. Por cierto que implicaría un costo, pero los beneficios previsibles parecían valer los riesgos. Tuvo que hacer una modificación mental, para asumir la premisa totalmente novedosa (novedosa en ese momento de la historia, pero bastante común hoy día) de que el mandamiento de Dios era una mentira. Y entonces ya no quedaba motivo para *no* comer el fruto. Adán también se convenció y lo que ocurrió en sus mentes, fue la brecha primera, la que condujo a la desobediencia y al pecado, seguido por su consecuencia inevitable: la muerte.

Si queremos derrotar el poder del pecado, debemos aprender a expulsar ese error tan profundamente enraizado de creer que Dios está equivocado y liberar nuestra mente de la continua tendencia a discutir con Él, para empezar a llenar nuestras mentes con la verdad. Llenar nuestra mente con conceptos correctos, fundados en la Palabra de Dios, es precisamente lo que la Biblia denomina «crecer en la fe» que es el único camino para vencer el poder del pecado.

Creencias que generan pecado

Para que cualquiera de nosotros llegue al punto de creer que lo malo es bueno y que Dios está equivocado, tenemos que ir cediendo ciertas nociones. Cuando nos detenemos a analizarlas, resultan realmente chocantes:

La voluntad y los mandamientos de Dios para mí en realidad son lo mejor para Él, no para mí. Su insistencia en que le obedezca nace de un corazón tiránico, o de una necesidad egoísta de mantener el control.

Si los mandamientos de Dios no son lo mejor para mí, entonces debe estar mintiendo para su propio beneficio. No es posible confiar en Él. Nunca podré estar seguro de que Dios realmente desee el bien para mí, especialmente si lo que a mí me parece bueno lo disminuye a Él, o interfiere con un plan suyo, o restringe el control que tiene sobre mí.

Aun cuando Dios no mintiera explícitamente acerca del bien, podría estar equivocado respecto a lo que es bueno para mí. No importa si Dios está mintiendo o si simplemente no *sabe* qué es lo bueno para mí tan bien como lo sé yo mismo. Yo ocupo ahora el lugar de Dios.

Por lo tanto, tendré que decidir por mí mismo qué es lo bueno. No puedo confiar en nadie, salvo en mí mismo. Yo soy el árbitro final de mi propio bien. La verdad concomitante que ahora debo enfrentar es aterradora: estoy solo; y los errores podrían ser terriblemente fatales.

La descendencia de Eva

¿Prueba todo esto que el pecado funcione de la misma manera en todos los casos? La Escritura pareciera afirmar que sí.

Jesús, en su famosa enseñanza acerca de la fuente del pecado, dijo: «Del corazón salen los malos pensamientos» (Mateo 15.19). Los estudiosos indican que el término *corazón* significa lo mismo que *mente*. San Pablo también usó el término *mente* para enseñar de qué manera, la vida pecaminosa nace de los conceptos y pensamientos errados, mientras que una vida recta nace al orientar la *mente* en el camino del pensamiento correcto (véase Romanos 8.3-7).

Examinemos esto con más cuidado.

Todo pecado es la expresión de una creencia. Lo mismo es cierto —aunque parezca duro— en toda desgracia. Cuando me negué a aceptar mis desgraciadas circunstancias, solo y sin hogar, elegí pensar que Dios había permitido que el mal me arruinara, y que, por lo tanto, Él estaba equivocado. Empecé a abusar y mal usar del alcohol y del amor de otras personas. ¿Cómo podía haber ocurrido esto si hacía mucho tiempo que había aprendido a distinguir el bien y el mal?

Así fue como sucedió: mi mente se convenció de que Dios estaba equivocado. Contrariamente a lo que Él había dicho respecto a ese pecado, pensaba que lo mejor para mí era olvidar mis miserias, insensibilizándome el cerebro, y buscando amor en cualquier sitio. Dadas mis lamentables circunstancias y por el hecho de que no podía confiar en Dios (Él había traicionado mi confianza), sentí que debía tomar las riendas de mi propia vida. Esto suena horrendo (y normalmente no lo expresamos tan abiertamente), pero si tenemos el coraje de mirarnos a nosotros mismos, encontraremos que esas falsas creencias son las que normalmente subyacen a nuestros pecados.

Tomemos, por ejemplo, esa paciente que describía su romance con un hombre casado. «Estamos tan enamorados» decía. «*Tiene que ser de Dios*». Al mismo tiempo, la situación le producía a todos, incluida ella misma, muchos sufrimientos. Estaba apenada por el sufrimiento, muy apenada. Pero no podía cortar la relación, a pesar de que ella misma también estaba casada. Se convenció a sí misma, equivocadamente, de que las sensaciones placenteras seguramente responden a necesidades importantes y por lo tanto deben ser buenas. («Estoy ansiosa de experimentar un romance, doctor. Además, su esposa nunca lo respalda».) También se dijo a sí misma que Dios debía entender su propia necesidad de «verdadero amor». A su momento, Dios respondería comprensivamente a esta búsqueda fraudulenta del «bien». «¡Si tan solo nos decidiéramos a enfrentar el sufrimiento!»

Tomemos otro ejemplo, el del estudiante universitario que estaba carcomido por el temor, la duda y la culpa. «Copié apenas una respuesta del compañero que tenía delante, porque *necesitaba* ganar una beca como graduado» me decía «y para obtenerla tengo que tener notas altas. ¿Por qué una estúpida pregunta tendría que obstaculizar mi camino?» Este joven había retorcido los hilos de su mente en una maraña de verdad y error, con el resultado de que podía justificar su conducta equivocada.

Consideremos ahora otro enfoque. Veamos otros pecados obvios en los que nosotros, los descendientes de Eva, solemos caer y exploremos su origen:

Está el pecado del *orgullo*. Muchas personas creen que esta actitud contiene la materia prima de la cual están hechos todos los pecados, porque el orgullo nos lleva a considerarnos dioses a nosotros mismos. Si llevo al extremo mi pecado de orgullo, llego a convencerme de que mi posición y la admiración y atención de los demás, son esenciales para mi vida y bienestar. Sencillamente no puedo aceptar la afirmación de Jesucristo de que mi bien reside en transformarme en un humilde servidor. Debe estar equivocado, o mintiendo, porque obtener la atención de los demás y hacer mi vida, son cosas que me dan *placer*.

La *envidia* puede ser definida como el equívoco de que es mejor prevalecer sobre los demás. A menos que mis posesiones o mi posición sean mayores que las de los demás, me siento desgraciado. Llego a creer que Jesús se desvió a una postura utópica y romántica cuando sostuvo que mi mayor bien está en buscar el bien de los demás.

La *ambición* nace del concepto errado de que el bien supremo yace en poseer cosas por el puro hecho de poseerlas. Esto contradice la sabiduría de Jesús, que sostuvo que «la vida no consiste en la abundancia de los bienes» (Lucas 12.15).

La *ira* (como pecado, no la mera emoción del enojo) proviene del error de creer que la revancha es buena y que es estúpido perdonar.

La *gula* consiste no en comer o beber en exceso ocasionalmente, sino en el error permanente de creer que lo que consumimos es la respuesta a la mayoría de los problemas en la vida. De modo que cuando nos sentimos deprimidos, la única respuesta es tomarnos un kilo de helado o «comer hasta desfallecer».

Cuando un cristiano peca empieza, como todos los demás, a albergar conceptos equivocados. Estos lo llevan a cometer acciones que están en contra de Dios.

Desafortunadamente, la mayoría de nosotros también ha incorporado otro error: «Está bien que peque *de vez en cuando*, o mantenga esos "pecadillos" que siempre estoy cometiendo, aun si hiere a otros o a mí mismo. Estoy perdonado, porque las consecuencias no pueden ser tan malas». Pero la Biblia afirma que el «fruto» de toda actividad pecaminosa es la *muerte*.

Adán y Eva no dejaron de respirar en el momento que comieron del fruto prohibido, pero murieron. La muerte es en primer lugar espiritual. Es el estado de tratar de existir separados de Dios, arrastrándonos sin su comunión, tirando nuestra carga sin su ayuda, tratando de hundir las raíces de nuestro espíritu que se está marchitando, en cosas que *no pueden* darnos vida. Finalmente, nuestro corazón dejará de latir y nuestra alma enfrentará un estado permanente de alienación de Dios. En última instancia, el pecado no es simplemente alejarnos de Dios, no es simplemente insistir en que Él está equivocado y nosotros estamos en lo correcto. Llega un momento en que Dios dirá: «No contenderá mi espíritu con el hombre para siempre» (Génesis 6.3). Es temible llegar a ese estado, por cierto.

Dios, después de hacer todo lo que está a su alcance por extender sus brazos amorosos por sobre el abismo que hemos abierto, en algún momento nos dará la espalda, si nosotros no le respondemos a Él. Es un estado del que no leemos a menudo, ni siquiera (lamentablemente) en los libros cristianos «populares»: es el estado de condenación.

Me apuro a aclarar que esto *no* es lo que Dios quiere para sus hijos. Siempre nos llevará de regreso a Él si lo buscamos. Pero es cierto que si reiteradamente nos apartamos, practicando el hábito de suplantar a Dios, repitiéndonos los conceptos errados de que «Dios está equivocado» hasta que se nos hacen habituales, hacemos que la brecha se haga más profunda y más ancha, hasta que se transforma en una cicatriz dura en nuestra alma que ya no puede percibir la diferencia entre el bien y el mal.

Quizás si vemos el pecado y la muerte como lo que realmente son, podemos captar la decisiva importancia que tienen las *creencias* que los producen, en nuestra *mente*. En la Biblia, este es un tema básico. En muchas formas diferentes, las Escrituras dicen que son las *creencias* las que generan sentimientos y galvanizan nuestras acciones, sean buenas o malas, con el resultado último de la vida o la muerte. (Algunos ejemplos son: Isaías 26.3; Lamentaciones 3.21; Mateo 22.37; Marcos 14.72; Lucas 12.29; Romanos 1.28 y especialmente Romanos 8.5, 7, y 12.2.)

Y ahora —¡gran sorpresa!— la sicología contemporánea y la Biblia cantan armónicamente a coro este tema. Los sicólogos cognoscitivos llegan, por la investigación científica, a la misma conclusión que Dios plantea llanamente en las Escrituras: que lo que creemos y cómo lo creemos determina las emociones que sentimos y las acciones que llevamos a cabo. Las creencias equivocadas, o como las he rotulado, las *falsas creencias*, no importa lo sinceras que sean, son las que generan el comportamiento inadecuado, las emociones desagradables y la *esclavitud*, porque se oponen a lo que Dios ha revelado.

¿*Sabemos* realmente tú y yo lo que es bueno para nosotros? A veces. Pero cuando estamos en desacuerdo con Dios, cuando consideramos cosas malas como buenas y las procuramos, somos como perros que vuelven a su propio vómito porque piensan que tiene buen sabor (véase 2 Pedro 2.22). La vida misma nos demuestra a menudo que estamos totalmente equivocados cuando discutimos con Dios acerca de lo que es bueno.

¿Me equivoco cuando pienso qué es lo bueno para mí?

¿Será posible que lo *bueno* para mí sea algo diferente, totalmente diferente, de lo que jamás había imaginado? ¿Y qué de las circunstancias que yo no elijo en absoluto y que son dolorosas? Ese tema, aunque no es totalmente distinto del de las decisiones morales, queda pendiente. Lo dejamos planteado aquí, pero lo examinaremos más profundamente en capítulos subsiguientes.

Puesto que el cristianismo ofrece la verdad pura, nos puede hacer sicológicamente sanos. Eso significa que el cristianismo seguramente está lleno de sorpresas y ya he tenido la experiencia necesaria de vida como para afirmar esto. Respecto a qué es bueno, puedo esperar que el cristianismo de por terminado con mis suposiciones y las eche totalmente por tierra. No sólo es distinto el bien a lo que generalmente doy por sentado, sino que también los problemas emocionales y espirituales que han surgido por mi incapacidad de aceptar las circunstancias que me toca vivir, pueden rastrearse hasta mis errores de concepto respecto a lo que es bueno.

Consideremos: ¿Puede ser que lo *bueno* llegue a ser tan distinto de lo que pensamos que debe ser, que llegue a ser exactamente aquello que consideramos «malo»?

Si eso suena chocante u ofensivo, puede ser indicación de cuánto hemos llegado a absorber de la «sabiduría» del mundo. A veces el bien puede ser aquello que duele, que nos priva de algo, que nos frustra. La crucifixión de Jesús, el aguijón de Pablo, la sangre de los mártires, todo parecía malo, hasta el punto que el diablo se entusiasmó promoviéndolos. Pero Dios sabía como usar esas desgracias, transformándolas en algo bueno, *sorprendentemente* bueno, un bien tan diferente de lo que cualquiera hubiera pensado, que nadie lo hubiera podido imaginar. La muerte de Jesús condujo a su resurrección y a la *nuestra*; el aguijón que sufría Pablo le impidió enorgullecerse como ministro de Dios; la sangre de los mártires fue la semilla de la iglesia.

¿Quiere dar una mirada más profunda? ¿Pensar, por ejemplo, que sus dificultades internas pueden deberse a errores de concepto respecto a lo que es bueno? Que sanar, o resolver sus problemas, o alcanzar la plenitud, o «lograrlo» —no importa cuál sea la meta—, depende de superar esos falsos conceptos? En los próximos dos capítulos, vamos a examinar los temas básicos, aquellos de los cuales depende su vida y su bienestar espiritual: *¿Realmente* permite Dios sólo lo que es para mi bien? ¿Lo he reemplazado, en el fondo de mi alma, por un dios falso al que considero mi bien supremo?

VIAJE EN CANOA

PRIMER CAMPAMENTO

Una roca larga y plana
justo apropiada para subir las canoas.
Allí nos sentamos y lloramos,
   recordando,
      al esposo y padre
         que se marchó para siempre
            donde no podremos ir todavía.

Jaime, nuestro amigo,
no sabía cómo consolarnos;
lanzó le anzuelo desde la playa
   y atrapó un enorme pez,
      llamándonos a gritos
         que llevemos la red.

Qué extraño atrapar un pez
   justo aquí,
      sin carnada,
         sin esfuerzo,
            casi sin intención.

Secamos nuestras lágrimas,
   nos reímos juntos,
      hicimos un fuego
         y asamos el pez
            para desayunar.

Junto a los ríos de Babilonia,
   allí nos sentábamos,
      y aun llorábamos,
         acordándonos de Sion.
Les dijo Jesús:
   Venid, comed.

SEIS

EL TEMA CRÍTICO

«La palabra *bueno* tiene muchos significados distintos», escribió G.K. Chesterton. «Por ejemplo, si un hombre acertara de un disparo a su abuela desde una distancia de cien metros, diría que es un buen tirador pero no un buen hombre».

Chesterton tenía razón en este sentido: lo *bueno* no siempre es fácil de definir. Quizás, como la mayoría de las personas, usted también ha dado por sentado que es fácil *saber* qué es lo bueno, pero que lo difícil es vivir una buena vida. Pero en realidad no es fácil saber qué es lo bueno en *una situación dada*. Qué circunstancias devendrán en algo bueno y qué opciones son las buenas para nosotros puede *no* ser tan claro como pensamos.

¿Por qué es tan importante explorar el tema de qué es lo bueno? Porque en la base de toda emoción dañada, yace una premisa equivocada respecto a qué es lo bueno. Sí, lo que estoy diciendo es precisamente que podemos volvernos miserables, por decirnos a nosotros mismos que lo bueno es algo diferente a lo que Dios nos ha dado o permitido. Como hemos visto, también nos entregamos al pecado de la misma manera, diciéndonos que nosotros sabemos qué es lo mejor para nosotros. Nunca he visto a nadie sanar esa brecha con Dios, sin antes haber captado plenamente esta sorprendente verdad acerca del bien. ¿Queremos estar bien, ser plenos, tener una mente sana? Entonces tomemos el tiempo de analizar lo que estamos por considerar a continuación.

¿Por qué discutimos con Dios qué es lo bueno?

Mi convicción es que nuestros desacuerdos surgen a causa de este tema: una confusión general acerca del bien. Usamos la palabra *bueno* para significar demasiadas cosas. Aquí sólo hay una lista parcial de las cosas que significamos cuando decimos que algo es bueno:

> Placentero, limpio, moralmente correcto, sin pecado, con un resultado favorable, amigable, de buen comportamiento, algo por lo cual vale la pena luchar, ventajoso, lleno de eventos positivos, disfrutable, servicial, de acuerdo con las normas aceptadas, de buena calidad, apropiado, saludable, genuino, útil, amable, un bien material, un efecto silencioso y beneficioso, capaz, confiable, preciso, íntimo, pacífico.

De modo que cuando digo que algo es bueno para mí, puede ser cierto en la medida que implique alguno de los términos que acabamos de enumerar.

Sin embargo, Dios sabe —y nosotros llegamos a saberlo cuando nos abrimos realmente—, que no todo lo que sea bueno en algún sentido es por esa misma razón bueno para usted o para mí. Y no todo lo que sea bueno para nosotros en un determinado momento lo será en otro.

De modo que en síntesis es así: en primer lugar, hay algunas cosas buenas de las que Dios ha dispuesto que nos privemos. Cuando insistimos en nuestros «derechos» y las elegimos de todas maneras, caemos en pecado. En segundo lugar, hay algunas cosas buenas que Él permite que Satanás, las circunstancias, o nuestra propia insensatez nos arrebaten. Dios sabe que después nos puede dar cosas aún mejores. La exacta razón de *por qué* es así puede permanecernos oculta. Pero cuando persistimos en discutir, quejarnos y pelear, abrimos una brecha con nuestro Creador y esto sólo agrava nuestro problema.

Lo que hace que la verdad a veces nos parezca dura es que la cosa a la que nos estamos aferrando podría tratarse de una espléndida creación de Dios, que hasta podría ser buena para nosotros si la mantuviéramos en el lugar que corresponde. Por ejemplo, supongamos que una mujer disfruta del buen humor y la actitud protectora de un compañero de trabajo y dentro del marco adecuado, su amistad le produce alegría. Pero cualquiera de los dos podría pervertir la relación si creyera que sería bueno transformarla en un romance ilícito.

De la misma manera, la bondad de las posesiones materiales se puede pervertir al punto de que nos convenzamos de que sólo podemos ser felices si estamos rodeados por hermosas posesiones. La persona que llega a vender el alma por una casa, un automóvil, un televisor, una computadora, o dinero en el banco, tiene una idea torcida del bien. Las posesiones llegan a ser ídolos.

Tener una reputación reconocida y genuina puede llegar a ser tan crucial que uno piense que no puede vivir sin ella. Si usted tiene ese particular falso concepto, no tendrá un minuto de paz hasta que no esté absolutamente seguro, de que todos pensarán bien de usted todo el tiempo. Así la reputación llega a ser un ídolo.

Cuando la vida destruye o amenaza alguno de nuestros ídolos, decimos: «Esto es malo. No debería suceder. Dios me ha fallado miserablemente». Y nos congelamos, emocional y espiritualmente, impidiéndole a Dios que transforme lo malo en bueno. Nos sentimos mal, y no le permitimos que obre, pensando: «No se puede confiar en Él», cuando la verdad es que *nosotros* somos los que hemos roto el pacto y nos hemos volcado a los ídolos.

Espere un minuto...

Quizás se esté preguntando: «¿Tengo que aceptar que todo lo que Dios permite es *bueno*? ¿*Todo* lo que me sucede es bueno?»

Yo también he tenido que luchar con esas preguntas, en algunos momentos dolorosos. Mi madre estuvo ingresada sin poder moverse durante siete meses, sufriendo mucho hasta que murió. Como cristiano, ¿tengo que decir que *eso* es bueno? Un amigo se introdujo una pistola en la boca y se pegó un tiro para quitarse la vida. ¿Tiene su familia que encontrar la forma de decir que esa tragedia es buena? Un perverso sexual rapta a un niño de once años, abusa sexualmente de él, y su cuerpo se encuentra más tarde desfigurado. El hogar de una familia se incendia hasta los cimientos. Un gran líder religioso queda expuesto como un farsante. Un accidente aéreo cobra doscientos cuarenta y tres vidas. Un bebé nace con el cerebro dañado, sin recuperación posible. ¿Tenemos que afirmar, por ser cristianos, que estas cosas son buenas en sí mismas? ¿Está mal que nos sintamos dolidos o enojados porque suceden? ¿Tenemos que ser deshonestos respecto a nuestras emociones?

Creo que no. La injusticia, el sufrimiento, las pérdidas, no son buenas *en sí mismas*. Lo malo es malo y la Biblia nos dice que es el diablo el que lo planifica. Algunos líderes seudo-cristianos y algunos movimientos han negado que haya algo que sea malo y este concepto ha sido más fácil de aceptar ahora, con el surgimiento de las religiones panteístas y las filosofías orientales. La niña inocente de Dostoievsky, tiritando de frío fuera de la casa, padeciendo un sufrimiento del que no era en absoluto responsable, realmente nos oprime el corazón porque vemos como se enseñorean el mal y la injusticia. Pero la respuesta no es llamarle bien al mal, o distorsionar la imagen de Dios tal como fue revelada en Jesucristo y en la Biblia.

De la misma manera que es posible curar una enfermedad con una radiación en sí misma destructiva, o un cirujano puede hacerlo con el rayo láser, Dios *permite* que lo malo suceda y al mismo tiempo lo usa, como la herramienta de un escultor, para cumplir sus propósitos bondadosos (véase Isaías 45.7). Tenemos que insistir en que Él sabe lo que está haciendo; que no es arbitrario o injusto (véase Apocalipsis 15.3). No es impotente para rescatar y salvar, aun en medio de una avalancha del mal (véase Números 11.23; Salmos 98.1).

La verdad es que el mundo ha caído en manos de los malvados. Cuando creemos que los sucesos dolorosos *no debieran* suceder, estamos fantaseando. Es cierto que nuestras oraciones pueden abrir el camino a la intervención de Dios y que Él siempre nos oye (Santiago 5.16). Pero Dios también nos dice que Él no siempre va a obrar de la manera que le pedimos que lo haga, porque sus caminos son más elevados que los nuestros (véase Isaías 55.8, 9). Cuando todavía insistimos en hacer nuestro propio camino, somos como las personas que lentamente se van volviendo ciegas. La luz verdadera de Dios se va oscureciendo, a la vez que imaginamos que llega luz desde las esquinas en las que sólo hay oscuridad.

Todos necesitamos ayuda para entender qué es lo *bueno*. Abandonados a nosotros mismos, caemos en problemas. Aquí hay algunas interrogantes sobre las que quizás se esté cuestionando. Todas son preguntas acerca del bien, aunque no enfocan las circunstancias. En cambio, levantan el tema de lo bueno en nuestras *elecciones* y nuestras *acciones*. En esencia, preguntan qué es lo bueno:

- ¿Tengo que ir a la iglesia por el hecho de ser cristiano?
- ¿Es malo beber alcohol?
- Si planifico cuidadosamente mi futuro, si hago ahorros para la vejez, ¿significa que no estoy confiando lo suficiente en Dios? ¿Es incorrecto hacerlo?
- ¿Tengo que ser amable con una persona que no lo es conmigo?
- ¿Es correcto que una nación construya bombas atómicas que implican la muerte potencial de la raza humana y la destrucción total de la tierra?
- Me pregunto si debo ser programador de sistemas de computación o enfermero. ¿Qué es lo correcto para mí?
- Deberíamos estar ahorrando para que nuestros hijos puedan ir a la universidad, en lugar de tomarnos vacaciones, ¿verdad?
- ¿No es bueno, acaso, relajarse totalmente de vez en cuando y hacer lo que uno sienta deseos de hacer?
- ¿No se le debiera permitir a las personas que decidan en qué momento morir?
- Las mujeres debieran tener total control de sus cuerpos y tener el absoluto derecho de decidir cuándo abortar.
- Si hay un candidato cristiano y otro que no lo es, siempre se debe votar por el cristiano.
- Me he sentido especialmente atraída por mi pastor últimamente y creo que yo también le gusto a él. ¿Es incorrecto que sienta esto?

Cada una de estas preguntas representa las dudas y creencias que la gente alberga respecto a lo que está bien o mal. Algunos de estos dilemas plantean una obvia distinción entre lo correcto y lo incorrecto, entre lo bueno y lo malo, desde el punto de vista del lector. Otros entran en la categoría de «todo depende». Sin embargo, son temas sobre los que hay que ejercer sabiduría para poder tomar una decisión. El asunto es: *¿en la sabiduría de quién nos estamos basando?* Sin Dios, podemos llegar a hacer elecciones peligrosas, perder el bien, y caer en enormes dificultades.

¿Cuál es la verdad que debo decirme a mí mismo?

Chesterton estaba en lo cierto, *en un sentido*. El bien tiene una cualidad evasiva, pero eso es así cuando empezamos desde *nuestras* circunstancias para tratar de hacernos un camino de regreso a Dios. Hay otra manera de encarar la vida, aunque a muchos les cuesta verla, ya que nuestra cultura nos ha empachado de las filosofías del «yo primero, el hombre como centro».

Como decía el gran maestro cristiano Oswald Chambers, en su excelente libro *Shade of His Hand* [La sombra de su mano], el pensamiento occidental parte del hombre y trata de imaginarse y juzgar a Dios. El pensamiento hebreo, en cambio, empieza con las verdades fundamentales acerca de Dios y aplica esas verdades al hombre y a su conducta desviada. Es la manera opuesta a la que pensamos nosotros y ese pensamiento invertido es precisamente el que causa problemas a muchos de nosotros: ¡creemos que nuestros pensamientos y percepciones son correctas *a pesar* de lo que dice la Palabra de Dios!

Como me dijo en una ocasión una paciente exasperada: «¡Pero mis errores son correctos!» Estaba expresando algo con lo que luchan muchas personas. ¿Qué ocurre si no vemos las distorsiones cuando tenemos un debate con Dios? ¿Qué pasa si no estamos seguros si lo que nos estamos diciendo es cierto o falso?

Recomiendo, cuando se ha llegado a ese punto, volver a los comienzos, a las verdades elementales y simples.

Más allá de las circunstancias o los sentimientos, ¿qué es lo que *deberíamos* estar sembrando en el centro de nuestro ser, en lugar de los falsos conceptos que generan descontento con la vida y producen elecciones o acciones pecaminosas y dolorosas?

Aquí hay algunas piedras que nos sirven de base y que debemos estar seguros de adherir bien en el fondo de nuestra reflexión:

Dios es bueno. ¿Se dice a menudo o sospecha en lo hondo de su corazón que Dios en realidad no es bueno? Cuando piensa, pese a lo que Dios dice; que Él no va a mantener sus promesas o que ya las ha roto, que Dios no lo ama, que lo está acosando y causando problemas, que disfruta haciéndole sufrir, que no está a favor suyo sino en su contra... entonces en realidad se está diciendo que Dios no es bueno. Detecte falsos conceptos como estos:

«Un Dios de amor, bondad y justicia no permitiría que ocurran cosas tan terribles como las que ocurren en el mundo».

«Si Dios fuera realmente bueno y cariñoso, no me prohibiría que hiciera lo que realmente deseo hacer».

«¡Muy bien! ¡Buen Dios! Por permitir que esta tragedia me sucediera a mí».

«Si Dios existe, es un sádico cruel».

«Dios es malvado».

«Dios no hace lo que en la Biblia dice que va a hacer».

Aquí hay conceptos verdaderos que puede usar para combatir esas nociones: «Dios es luz, y no hay ningunas tinieblas en él» (1 Juan 1.5). La bondad de Dios brilla e ilumina a través de todo lo que Él ha creado. Se hace patente en su creación de la belleza y el orden, la armonía y equilibrio en todo el universo (véase Salmos 19). Lo vemos en su cuidadosa provisión de las necesidades diarias de toda criatura (véase Salmos 145.15). Y sobre todo lo vemos en Jesucristo, porque en Él, Dios ha venido al mundo para darse por entero, para salvar a su mundo. Esta entrega de sí mismo no es sino pura bondad y amor extremo. No se puede contemplar la cruz y pensar: «Dios no tiene amor». Una vez que hemos mirado hacia la cruz, ninguna otra cosa, por horrorosa que sea, nos permite inferir que Dios tenga la intención de hacernos daño. La verdad es que Dios es bueno que cualquier cosa mala que encontremos no es su invención o su acción, sino que Él tiene buenas intenciones hacia nosotros. Él nos ama.

Como dice Salmos 25.8-10:

> Bueno y recto es Jehová; por tanto, él enseñará a los pecadores el camino. Encaminará a los humildes por el juicio, y enseñará a los mansos su carrera. Todas las sendas de Jehová son misericordia y verdad, para los que guardan su pacto y sus testimonios.

De modo que será mejor que elimine esos falsos conceptos dentro de usted que le producen sufrimiento y deje de respaldarlos. Remplácelos con una verdad, como esta: «No necesito seguir martirizándome con la idea de que Dios no es bondadoso, que no tiene amor y que aun es malo, o que es imposible que me ame. El hecho de que ocurren cosas malas no prueba que Dios sea malo. Voy a ser veraz conmigo mismo. Él es bueno, me ama, está de mi lado, no importa qué ocurra. No me va a abandonar, de modo que no voy a alejarme de Él».

Dios sabe qué es lo mejor. ¿Se está diciendo a sí mismo que sabe mejor que Dios qué es lo bueno para usted? Quizás piense que como está dentro de su propia piel y Dios no lo está, Él puede conocer la escena grande pero desconoce *sus* sentimientos y necesidades más profundas. Sus mandamientos no pueden aplicarse a usted, porque probablemente Él no comparte sus metas, ni sabe exactamente dónde quiere llegar en la vida. De manera que, aunque sus leyes sean, en general, «buenos principios», no se aplican a su caso. O quizás piense que Dios está demasiado distante o demasiado ocupado con asuntos más importantes como para tenerlo en cuenta.

¿Llena su mente con pensamientos como estos?:

«Los mandamientos de Dios son buenos como principios generales, pero cuando Él los redactó, no sabía exactamente qué sería lo mejor para mí, en esta situación y en este momento».

«Siento como si Dios me hubiera perdido, como si no me conociera lo suficiente, o no me tuviera en mente. Después de todo, soy bastante insignificante en un universo tan grande».

«Dios quizás sepa qué es lo mejor para algunas personas, pero yo soy diferente, y creo que no se da realmente cuenta de que para mí es mejor hacer esto o aquello (que su ley prohíbe). Si tan solo Dios entendiera lo importante que es esto para mí, estoy seguro de que me permitiría hacerlo».

«Me pregunto si Dios sabe lo que está haciendo. A veces me parece que se ha equivocado».

Cuando se repite a sí mismo que Dios no sabe lo que usted necesita, o que no conoce de su existencia, o que no sabe lo que está haciendo, se está privando de una enorme ayuda. ¿Cómo no va a sentirse inseguro, desprotegido, si el Dios que gobierna el universo no es más que un anciano adormecido, amigable sin dudas, pero que no «está en las cosas»? ¿O si tal vez cree en una deidad finita que aun ahora está en proceso de alcanzar mayor sabiduría, pero que todavía no es infinito? ¡Si eso es lo que cree, no podrá sentir otra cosa más que vacío y estará en una permanente búsqueda!

Dios sí lo conoce íntimamente y sabe cuáles son sus necesidades (véase Mateo 10.29-31). Él conoce su respiración antes de que respire, conoce cada uno de sus pensamientos antes de que los piense, cada deseo antes de que lo sienta y cada necesidad antes de que la tenga. No sólo conoce todos sus pensamientos conscientes, sino también su mente inconsciente, los pensamientos que ha reprimido tan profundamente que ni siquiera usted es consciente de ellos. Lo conoce a lo largo de toda su historia, desde que era un embrión recién fecundado, pasando por cada instante de su pasado y hasta su futuro. Él conoce sus mañanas, la hora de su muerte y su futuro eterno. Él sabe cómo aprovechar mejor la angustia y el mal que le ocurren y tiene conocimiento de qué cosas buenas enviarle o permitirle. Él no ignora qué es lo mejor para que elija y haga. Convénzase de que Dios *sabe*.

En Salmos 147.4, el salmista nos dice que Dios es lo suficientemente grande como para contar «el número de las estrellas; a todas ellas llama por sus nombres». Desafíe sus conceptos errados y reemplácelos por verdades como estas:

> Oh Jehová, tú me has examinado y conocido. Tú has conocido mi sentarme y mi levantarme; has entendido desde lejos mis pensamientos. Has escudriñado mi andar y mi reposo, y todos mis caminos te son conocidos. Pues aún no está la palabra en mi lengua, y he aquí, oh Jehová, tú la sabes toda.
>
> No fue encubierto de ti mi cuerpo, bien que en oculto fui formado, y entretejido en lo más profundo de la tierra. Mi embrión vieron tus ojos, y en tu libro estaban escritas todas aquellas cosas que fueron luego formadas, sin faltar una de ellas (Salmos 139.1-4, 15, 16).

Dios es fuerte. Él puede ayudar. ¿Ha estado debilitando las bases de su fe en Dios con la noción de que cuando le suceden cosas malas a personas buenas, significa que Dios ha perdido el control, y que Él está tan sorprendido, impactado, desilusionado e impotente como usted? Esa actitud mental surge de conceptos errados, como estos:

> «Dios querría hacer algo sobre esta situación, pero no puede. El diablo es quien domina».
>
> «Las voluntades humanas, por ser libres, son demasiado para Dios. Él no puede hacer nada al respecto cuando las personas hacen decisiones equivocadas».
>
> «Dios es muy poderoso, pero a veces el mal es más fuerte».

«Me siento como si el bien perdiera ante el mal en el mundo».

Estos pensamientos o filosofías desvalorizan el poder de Dios y hacen muchísimo daño. Aunque parecieran resolver el dilema de cómo pueden suceder cosas malas en un mundo creado por un Dios bueno, generan peores dificultades porque nos empujan a confiar en *nosotros mismos*.

Dios es todopoderoso. Nada es demasiado difícil para Él. Cualquiera sea la razón de que algo malo suceda, la verdad es que Dios *podría* evitar que esas cosas sucedieran. Él es lo suficientemente grande y fuerte como para impedir por la fuerza que esas cosas sucedan. Él no tiene la intención de quedar indiferente y al margen. Él no se sacude los hombros diciendo: «No puedo hacer nada al respecto».

Quizás no sepamos el *porqué* Dios no elige evitar un suceso malo. Quizás no sepamos por qué no nos impide hacer elecciones equivocadas. Pero sabemos lo siguiente: no hay ningún mal que sea más poderoso que Él, con el cual no pueda entendérselas y no hay calamidad que Él no pueda transformar en un bien absoluto y esplendoroso. Al permitir que su Hijo fuera arrestado por hombres malvados, crucificado, muerto, y sufriera todo lo que el mal podía llegar a producir, el Padre hizo todo lo que había que hacer para resolver el problema del mal y determinó un curso que expulsará al mal de su mundo. Usted y yo estaremos presentes para presenciar el gran final: *si es que* nos aferramos a la verdad (véase Colosenses 1.21-23).

De modo que debemos expulsar de nuestros pensamientos cualquier duda acerca de la habilidad de Dios de transformar en bien todo el mal en su universo. Reemplacemos las dudas acerca de su poder, por verdades como estas:

«Jesús dijo: Toda potestad me es dada en el cielo y en la tierra» (Mateo 28.18).

«Sabemos que a los que aman a Dios, todas las cosas les ayudan a bien, esto es, a los que conforme a su propósito son llamados[...] Si Dios es por nosotros, ¿quién contra nosotros?» (Romanos 8.28, 31).

«Yo conozco que todo lo puedes [Señor], y que no hay pensamiento que se esconda de ti» (Job 42.2).

«Luego el fin, cuando entregue el reino al Dios y Padre, cuando haya suprimido todo dominio, toda autoridad y potencia. Porque preciso es que Él reine hasta que haya puesto a todos sus enemigos debajo de sus pies. Y el postrer enemigo que será destruido es la muerte. Porque todas las cosas las sujetó debajo de sus pies. Y cuando dice que todas las cosas han sido sujetadas a él, claramente se exceptúa aquel que sujetó a él todas las cosas. Pero luego que todas las cosas le estén sujetas, entonces también el Hijo mismo se sujetará al que le sujetó a él todas las cosas, para que Dios sea todo en todos» (1 Corintios 15.24-28).

¿Es necesario saber el porqué?

Un hombre joven vino a verme apenas el médico le dijo que tenía un tumor maligno en el ojo, un golpe realmente duro a los veintitrés años de edad. «Sólo dígame algo, doctor» reclamaba el joven. «*¿Por qué* Dios permitió que me sucediera esto a mí?»

A la luz de lo que sabemos acerca de nuestros falsos conceptos, analicemos qué es lo que nos decimos a nosotros mismos acerca de nuestro «derecho de saber». Tómese tiempo para analizar cuidadosamente si se identifica con una o más de las siguientes actitudes:

«Dios tiene la *obligación* de decirme el *porqué*».

«Si *no* sé por qué las cosas ocurren como ocurren, entonces Dios ha violado mis derechos como ciudadano de este universo».

«Si no me ha dicho el porqué, significa que se está ocultando de mí».

«Sólo si conozco y apruebo el plan de Dios, tiene derecho a llevarlo a cabo».

«No entiendo por qué me ha ocurrido esto a mí después de todo lo que he hecho para servir a Dios. Soy un cristiano fiel, nacido de nuevo, lleno del Espíritu Santo, bautizado, oro regularmente, estoy inmerso en las Escrituras... después de todos los golpes y desgracias de las que me he tenido que levantar... ¿por qué?»

«¿Tiene Dios algo contra mí? Si no es así, tiene un raro sentido de la justicia, por la forma en que me apunta. ¿Por qué *yo*?»

¿Se da cuenta de lo que hacemos cuando exigimos saber por qué? Estamos usurpando el lugar de Dios. Dios nunca se refiere a su gobierno como una democracia, sujeta a comités y votaciones. El suyo es un reino, de poder y de gloria, y Él es el benevolente Monarca.

Me parece muy interesante que tanta gente empiece sicoterapia porque quiere saber por qué piensan y actúan de determinada manera, como si por el hecho de saber el *porqué*, seres mortales como nosotros pudiéramos cambiar las cosas para bien. El conocimiento de uno mismo no es suficiente. Ni lo es exigir que tengamos la sabiduría de Dios. Aun si la tuviéramos, seguiría habiendo un gran problema: usted y yo no somos ese ser infinito, amante, santo, al que llamamos Dios.

De modo que saber el *porqué* no es el bien supremo, pese a las empecinadas criaturas «racionales» que somos. A veces Dios nos habla al corazón, por medio del Espíritu Santo, para revelarnos una respuesta. Otras veces no nos da una respuesta y no importa cuánto nos esforcemos, no la encontraremos. En esas ocasiones, alcanzar la verdad en nuestro corazón significa aceptar la verdad de que *no tenemos necesidad de saber el porqué*. Dios puede producir un gran bien a partir de lo peor, sin que nosotros alcancemos a entender la lógica de todo ello; sus mandamientos siguen siendo verdaderos y correctos, aun cuando nosotros no entendamos por qué los promulgó.

Lo cierto es que usted y yo no necesitamos saber el porqué. No es esencial para que aprendamos a enfrentar la vida. Lo que *sí* es esencial es la verdad. Tenemos que decirnos la verdad a nosotros mismos:

> Igual que Jesús, he llegado a cumplir la voluntad de Dios (Hebreos 10.9). Aceptaré lo que Dios permita que me suceda y haré lo que Él me ordena, sea que advierta claramente la razón y el propósito, o no lo vea. Quizás no pueda conocer todas las razones, pero, como dicen las Escrituras, soportaré las pruebas y la disciplina, porque Dios me está tratando como a un hijo. Si no recibo disciplina, entonces soy un hijo ilegítimo y no un verdadero hijo de Dios (Hebreos 12.8). Y eso no es lo que quiero para mí. Por lo tanto, quiero caminar en la verdad de mi Padre aun cuando duela, y cuando todavía no me diga el *porqué*. Sé que lo que ahora me deja perplejo «después da fruto apacible de justicia[...]» (Hebreos 12.11). Por ahora, la disciplina incluye desconocer el porqué.

La reflexión veraz desafía cualquier concepto errado que atente contra la revelación de Dios sobre sí mismo. Es un esfuerzo que nos exige ser diligentes de por vida. Pero podemos cosechar hoy las primicias de la paz y el gozo.

¿Por qué no dedicar un tiempo a orar y a pedirle a Dios que le ayude a expulsar los falsos conceptos que tiene acerca de Él?

VIAJE EN CANOA

MARGARITA DEL AGUA

(¿O tiene otro nombre?)
Abre su corola y revela
   una pequeña sala real,
pasando del amarillo brillante
    hasta un rojo profundo, profundo,
     en el mismo centro,
       rodeando el trono dorado.

Echan sus coronas delante del trono,
     diciendo:
Señor, digno eres
de recibir la gloria y la honra y el poder;
porque tú creaste todas las cosas,
   y por tu voluntad existen
    y fueron creadas.

SIETE

ALGO HORRIBLE

¿Se ha preguntado alguna vez cómo es posible que una pareja pierda de manera trágica a un hijo y a pesar del dolor, mantenga su fe firme y fuerte, en tanto otros padres en situación similar quedan consumidos por la amargura y el sufrimiento? ¿Cómo es que algunos de nosotros quedamos fijados en la demanda de una respuesta de lo inexplicable?

También podemos aplicar estas interrogantes a cuestiones morales. ¿Cómo es que un hombre no piensa nunca en ocultar sus ingresos cuando informa anualmente a los efectos del pago de los impuestos, mientras tantos otros buscan todo tipo de exenciones espúreas, y aducen que si el gobierno no es totalmente transparente, ellos no tienen por qué ser honestos?

«¿Por qué?» es una de las preguntas más profundamente significativas que podemos plantear. Revela las cosas que son más importantes para nosotros, nuestros puntos claves, la línea de la cual no avanzaremos, hasta que hayamos obtenido una respuesta clara y lógica.

En el capítulo anterior, vimos que *saber* el porqué puede en realidad no ser el bien supremo. Pero *preguntar* el porqué es importante. Es importante porque *nos indica las cosas que hemos elegido como nuestro bien supremo*. Preguntar por qué no es simplemente una medida de fe o de falta de fe: revela la persona o la cosa, en la cual hemos depositado nuestra fe. Si esta fuente no nos responde quedamos doloridos, preguntando: «¿Por qué?»

Permítame ilustrar lo que estoy diciendo con un relato verídico.

Teresa

Teresa vino a nuestra clínica después que el fracaso de otro romance la hizo caer en un torbellino emocional. En su primera visita, dijo: «¡Quiero averiguar por qué siempre me vinculo con hombres que terminan tratándome como a un trapo sucio!» Describió la indecisión y falta de sensibilidad de su último novio, su negativa a casarse con ella y su descarado abuso.

—Siempre me ocurre —insistió—. Parece que atraigo a *ese* tipo de hombres, como el camión de la basura atrae las moscas. Eso soy yo: un camión de basura humana.

Por supuesto, yo quería descubrir por qué se trataba a sí misma como un montón de basura, por qué había llegado a creer que sólo atraía a hombres perversos, indeseables, abusivos. A lo largo de varias sesiones, descubrimos que los fundamentos de esta imagen de sí misma se habían establecido en el contexto de su primera relación heterosexual: la relación con su padre.

—Después de la última consulta recordé algo que sucedió cuando era muy pequeña —dijo, al comienzo de nuestro octavo encuentro. Era una mujer encantadora y sus ojos pardos se empezaron a nublar—. Ocurrió cuando tenía alrededor de cuatro años.

Teresa describió un incidente. Unos veinte años atrás, una mañana de Pascuas, se sentía entusiasmada con el vestido que se estaba estrenando. Ataviada con su vestido primoroso, sombrero, cartera y pequeños guantes blancos, estuvo girando ante un enorme espejo, para correr después a mostrarse ante su papá.

—Tenía tantos deseos de que papá me dijera que era *linda* —relató—. Pero apenas me miró. Todo lo que dijo fue: «Si no te apuras llegaremos tarde a la iglesia».

Le corrían las lágrimas por las mejillas. Recordó muchas otras ocasiones en las que trató de llamar la atención de su padre. Un padre normal, instintivamente señala de innumerables maneras a su hija que es encantadora, atractiva, femenina e importante para él. Pero el padre de Teresa no. Pese a los esfuerzos que ella hacía, permanecía frío e indiferente; al menos así lo sentía su hija.

—Nada funcionaba —dijo con frustración—. Una vez llegué a tironear del diario y hacerle un gesto por encima. Ni un asomo de sonrisa. «Vete a jugar», fue todo lo que dijo. Finalmente desistí.

Teresa se había formulado un falso concepto como consecuencia de esta indiferencia y todavía lo creía:

—Algo hay de malo en mí y no puedo hacer nada por remediarlo. No tengo lo que se requiere para llamar su atención, ni de él ni de ningún hombre que valga la pena.

En consecuencia, se involucraba con un hombre vil tras otro. No era que sólo se interesaran en ella los perdedores. Teresa sistemáticamente se mostraba indiferente con los hombres inteligentes y atractivos que hubieran podido apreciarla y valorarla. Se sentía cómoda con frustrados egocéntricos e incómoda con los hombres sensibles y fuertes. ¿Por qué? Porque creía que cualquier hombre que valiera la pena vería que ella no valía lo suficiente para él, que ella era un desperdicio. Basura.

Mientras conversábamos, Teresa advirtió que tenía dos conceptos errados. Se dio cuenta de que eran esos falsos conceptos los que determinaban su problema y no algún factor invisible que produjera rechazo, o un destino irreversible. Sus pensamientos equivocados la llevaban a hacer elecciones erróneas.

En primer lugar, se estaba diciendo a sí misma: «No puedo valer gran cosa, si mi padre nunca tenía tiempo para mí».

En segundo lugar, a pesar de ser cristiana, Teresa nunca había podido creer que Dios la amara. Sufría por pensar que nunca sería lo suficientemente buena como para merecer el amor de Dios. En su opinión, esta cadena de malas relaciones «probaba» que Dios no estaba interesado en bendecirla o ayudarla. Admitió que solía pensar que Dios la odiaba, que de lo contrario no le hubiera dado una vida tan desgraciada. «Supongo que siempre he estado molesta contra Dios, por tratarme tan mal».

De modo que allí estaba la brecha con Dios, la separación de la única Fuente verdadera y confiable de valor, amor y aceptación. En su lugar, Teresa había instalado algo que ella consideraba como el bien supremo. Ni siquiera sería correcto decir que los hombres llegaron a ser el objeto de su devoción. Su energía emocional estaba torcida hacia la meta de *ser* la compañía deseada de alguien. El objeto que había elevado al altar, era ella misma. Es que en el fondo, Teresa se decía a sí misma: «Despertar el interés de un hombre que valga la pena es el bien supremo». Había hecho de la aceptación un dios falso.

A la inversa, el rechazo por parte de los hombres, y especialmente de los hombres que ella consideraba como «de lo último», era *lo* peor que le podía llegar a suceder. Desde el comienzo mismo, tenía una brecha que la separaba de Dios y que sólo lograba ensanchar por su incredulidad: «Es cierto que Dios *dice* que me ama, pero eso no puede ser cierto si no me deja encontrar el amor que creo necesitar».

¿Qué es lo que nos hace pensar *eso*?

La mayor parte de las personas no puede, ni siquiera, pensar en rebelarse abiertamente contra Dios. Tienen demasiado miedo de que Dios agite su puño contra ellos. Algunos no son conscientes de que están peleando contra Él. Sin embargo, han quedado adheridos a un dios falso en algún momento inicial de su desarrollo a causa de una situación conflictiva. ¿Cómo es que sucede esto? Ya he definido antes la expresión «falsa creencia» que he estado usando a lo largo del texto. Ahora es esencial que tomemos una visión más profunda de su origen teológico y sus implicaciones.

Encontré esta expresión en los escritos de Martín Lutero, donde equivale al pensamiento equivocado promovido por el diablo, el mundo y la naturaleza humana pecaminosa. Lutero dice que la interpretación errónea de los hombres, respecto a los eventos y su significado, jugaba un rol esencial en la génesis de la «desesperación» (malas emociones) y el «vicio» (mal comportamiento).

La investigación reciente llevada a cabo por los sicólogos concuerda con el pensamiento de Lutero. Nuestras malas emociones no caen sobre nosotros desde el cielo, como no caen tampoco nuestras elecciones incorrectas ni los sucesos indeseables. Es la propia reflexión, lo que nos decimos a nosotros mismos en nuestro ser interior, lo que origina las emociones y el comportamiento.

Si se detiene y presta atención a sus pensamientos, descubrirá que está evaluando, recordando, dando promoción, aprobando e interpretando los eventos de su vida cotidiana. Dicho en pocas palabras, nos hablamos a nosotros mismos todo el tiempo, diciéndonos concretamente lo que debemos pensar y sentir acerca de los sucesos de la vida. Generalmente no respondemos *directamente* a los eventos en sí mismos si no más bien a lo que pensamos de ellos.

Aquí es donde entran a jugar los falsos conceptos. Como Teresa, todos tenemos algunas creencias erróneas acerca de la realidad. («Si mi padre no me quiere, eso significa que ninguna otra figura masculina, incluyendo a Dios, me puede considerar una persona valiosa».)

Las experiencias de la vida suelen generar un monólogo equívoco. («Puesto que este hombre me ha tratado mal, esto *prueba* que nadie puede quererme».) Las consecuencias son sentimientos malos (depresión, soledad, sufrimiento).

El dolor y la pérdida, a su vez, estimulan la ira. («Yo no merecía eso».) y especialmente la ira hacia Dios. («Se supone que Él debe ayudar, proteger, prevenir, proveer, ¿por qué se está durmiendo en vez de actuar?») Y las conclusiones equivocadas acerca de su persona. («Dios no tiene poder, no es misericordioso, o bien no existe en absoluto».)

Por lo tanto, vemos que no son los *eventos* los que nos trastornan si no nuestros falsos conceptos acerca de los eventos y su significado.

Al tratar de entender por qué las circunstancias son tan difíciles, los niños generalmente inventan una teoría o una hipótesis. Estos tempranos intentos infantiles de encontrar un sentido a los sucesos, frecuentemente resultan en conclusiones equivocadas respecto a cosas que resultan inconcebiblemente malas (una cosa horrible, lo peor que nos podría pasar) y la solución del problema, (el bien supremo). Estos se transforman en falsos conceptos básicos (o radicales) que asientan sus vidas sobre un fundamento inestable.[1]

---

1 Para ampliar este concepto de falsos conceptos radicales, ver *Untwisting*

Algunos niños recogen sus falsos conceptos simplemente escuchando lo que sus padres u otros adultos influyentes dicen. «Las mujeres fuertes son malas». «Nunca te cases con un hombre que no tenga mucho dinero». Estos sentimientos comunican que la cosa más horrible es *ser* o estar *unido* a una mujer fuerte o a un hombre que tenga ingresos escasos. El ejemplo y el comportamiento de los padres también puede trasmitir esas actitudes radicales, aun cuando no se expresen en palabras.

Los semejantes también ejercen una poderosa influencia en las creencias y actitudes. Así, la adolescente de catorce años cuyas amigas proclaman que la virginidad es estúpida, puede adquirir el falso concepto de que la cosa más horrible del mundo es ser virgen.

Probablemente después de pensarlo un poco, usted pueda terminar esta frase: «La peor cosa que me podría suceder es _____».

¿Qué pondría en el espacio en blanco? ¿Pobreza? ¿Muerte? ¿Tortura? ¿Guerra nuclear? ¿Cáncer? ¿Alzheimer? ¿La pérdida de un hijo? ¿Ser rechazado? ¿Cuál es la cosa más horrible que podría sucederle? Quizás tenga una lista de «cosas horribles» y no logre decidir cuál sería la peor de todas.

De hecho, *la* peor cosa que podría sucedernos a cualquiera de nosotros es quedar separados de Dios en nuestro espíritu, pensamientos o acciones. En tanto usted o yo consideremos que algo distinto de Dios es el bien supremo, seguiremos sometidos a la angustia y a la desesperación.

Quiero que examinemos juntos algunos casos de personas que se enfrentaron cara a cara con su propia interpretación de lo que significaba para ellos «la cosa más horrible». Veremos cómo desarrollaron una creencia falsa, y por qué algunos siguieron sin esperanzas, mientras que otros alcanzaron la liberación.

_____

Twisted Relationships [Destorciendo relaciones torcidas], de Bill y Candy Backus, Ed. Betania.

Mostremos a Dios lo bueno que somos

Carlos pudiera parecer cualquier cosa menos un pesimista y sin embargo, los nervios lo estaban destrozando. A veces este muchacho de treinta y dos años, que parecía un levantador de pesas, llegaba a hacer las listas de las cosas malas que preveía que le iban a suceder.

Carlos podía recordar el momento en que virtualmente había sentido que una brecha empezaba a abrirse dentro de él. A los catorce años había escuchado a un fogoso predicador declarar que la paga del pecado es la muerte. El temor urgió a Carlos a adelantarse y aceptar a Jesucristo como su Señor y Salvador. Pero poco tiempo después, tomó conciencia de un problema.

Carlos no podía hacer nada que pudiera satisfacer a su padre. Y cuando su padre estaba disgustado, la vida se volvía miserable para toda la familia, porque los trataba con gestos de desaire y silencios amargos, que los mantenía en vilo durante días. Carlos había aprendido a prever cada detalle con cuidado, supervisando todo lo que pudiera ser motivo de problemas, planeando estrategias para evitarlos. LLegó a convencerse de que sería horrible que algo fallara, porque eso lo expondría a la crítica de su padre, a su ira y a su hábito de cerrarse afectivamente a los demás.

Una vez que había prometido obedecer a Dios (que era mucho más grande y al parecer más estricto que su padre), las consecuencias de sus pecados y faltas seguramente serían mucho peores. ¿Acaso no era Dios su *Padre* celestial? Quizás Dios no era más que una versión, supremamente poderosa, de su padre terrenal que era temible y exigente. Es cierto que había oído que podemos confiar humildemente en el amor y la justicia de Cristo, pero la percepción interna que Carlos tenía de la realidad —por el condicionamiento familiar— le comunicaba otra cosa.

Sin saberlo ni proponérselo, Carlos estaba en desacuerdo con la Palabra de Dios. Redobló sus propios esfuerzos, temeroso de que nunca fuera lo suficientemente bueno como para complacer a Dios. Nunca se dio cuenta de que estaba cayendo en el mismo tipo de legalismo contra el que San Pablo advertía a los gálatas y empezó a creer que el cristianismo era un laberinto inventado por

Dios para hacerlo sentir miserable. Era necesario anticiparse a Dios y eludirlo. Así, Dios se fue transformando en un adversario.

En la evaluación sicológica de Carlos descubrimos algo más. Se mostraba tan temeroso de la crítica que evitaba el más mínimo detalle que pudiera desencadenar un problema. Se esforzaba tanto por aparecer perfecto que el test de personalidad que se le aplicó, no resultó válido. Su enorme temor al juicio de Dios estaba acompañado por una compulsión a evitar toda crítica en absoluto. Estaba perdiendo el sentido de la realidad y separándose de la visión de su propia naturaleza pervertida. Al negar sus propias debilidades, se estaba volviendo más proclive al pecado. Para Carlos, «la cosa más horrible» sería cometer un desatino que lo sometiera a la crítica. Carlos creía:

«Si te critican, significa que has cometido un pecado imperdonable».

«Dios no te lo perdonará, ni ninguna otra persona. No hay perdón ni restauración posible. *Tienes* que pagar».

«Cometer un error es lo *más horrible* que hay. El *bien supremo* es evitar cualquier error por el resto de tu vida. Vivir en perfección absoluta, sin pecado».

Podemos ver allí la brecha entre Carlos y Dios respecto a lo bueno, una brecha producida por esa falsa creencia radical de Carlos, y que se iba ensanchando por un profundo desacuerdo respecto al concepto del bien supremo. Dios hubiera querido llenar la mente de Carlos con las siguientes verdades:

1. Cometer un error *no* es la cosa más horrible, sino vivir separado de Dios.

2. Evitar todo error *no* es el bien supremo. Lo es aceptar el perdón por la gracia de Dios. La justicia que realmente vale la pena tener es la justicia perfecta de Cristo. Carlos puede recibir esa justicia sólo si quiere aceptarla.

¿Se advierte cómo la angustia y el perfeccionismo compulsivo de Carlos provenían de su diferencia con Dios respecto al concepto de lo bueno, de su creencia errónea de que Dios estaba equivocado acerca de qué sería lo más horrible que pudiera sucederle?

Lamentablemente, Carlos no pudo salir a flote durante nuestras sesiones. Se aferró a su postura de ser perfecto y evitar toda crítica. A pesar de que declaraba ser un cristiano nacido de nuevo, no podía aceptar que somos «salvados por gracia por medio de la fe», que no tiene nada que ver con nuestros esfuerzos sino que es «don de Dios, no por obras, para que nadie se gloríe» (Efesios 2.8). Seguía confiando en su código legalista y no podía percibir que las «obras» de Dios son preparadas por el Espíritu Santo y que nos dan vida (véase también vv. 9, 10).

Irónicamente, el diálogo de Carlos con Dios, si se encontraran cara a cara, podría resultar algo así:

El Padre: Eres mi hijo porque Jesús compró tu justificación con su sangre. Puedes estar en paz. Tendrás comunión conmigo por medio de la oración. Me agradará decirte cómo obedecerme, y te daré el poder de mi Espíritu para ayudarte y consolarte hasta que alcances esa conducta. Yo soy el autor y consumador de tu fe.

Carlos: ¡Vamos, nadie es tan bueno para merecerlo! Debe haber una trampa. Sé que se supone que debo confiar en la obra consumada de Jesús en la cruz, pero eso no me parece correcto. No me voy a arriesgar. No voy a confiar en tu actitud bondadosa y amorosa, para que después me des una patada en el trasero. ¡De ninguna manera!

Desafortunadamente, la brecha que Carlos tenía con Dios seguía tan profunda como cuando había llegado, cuando se suspendió nuestra relación de consejería.

Si bien sólo algunos podemos identificarnos con la actitud perfeccionista de Carlos, casi todos podemos reconocer el dolor que produce el ser criticados. Hay otra tendencia que muchos compartimos, promovida también por las falsas creencias. Está presente en la historia de Ronald.

Asegurarnos de no ser nunca lastimados

Ronald era un muchacho tímido de veintiocho años, cabello y barba negra; parecía un pirata de los cuentos de niños. Le costó mucho trabajo expresar por qué había venido a consultarme. Con la mirada clavada en el suelo, dijo: «Tengo problemas con la masturbación. Mi iglesia enseña que es pecado y me siento culpable. He tratado de terminar con esto por mí mismo, pero no he podido. Quiero superarlo».

Deduje, por la tensión de su voz y su expresión angustiada, que realmente estaba sufriendo con este problema.

—¿Alguna vez has pensado en casarte? —le pregunté— Esa es la respuesta que Dios da, entre otras cosas, a tus necesidades sexuales.

Me apuré a agregar que sería un error casarse con alguien meramente para satisfacer su impulso de intimidad física, si no más bien que uno de los propósitos importantes del matrimonio es proveer a nuestra sexualidad.

La reacción de Ronald superó todo lo que yo esperaba. Pasó casi una hora detallando como lo habían herido las mujeres: lo habían defraudado, no habían satisfecho sus expectativas, al punto de alienarlo tanto que casi había renunciado por completo a ellas. Relató caso tras caso en los que las chicas, con las que había festejado, se habían aprovechado de él, le habían fallado, o lo habían dejado plantado. Siguió luego relatando las tristes experiencias conyugales de varios amigos, algunas de ellas realmente amargas.

A lo largo de varias sesiones, fueron surgiendo detalles de la infancia de Ronald.

Recordaba un episodio que quizás había sentado las bases de sus falsas creencias, algo que había ocurrido cuando tenía alrededor de cinco años. Su madre lo había llevado con ella a un encuentro del club de jardinería, y había quedado jugando con una niña en una habitación, mientras las mujeres se reunían en otra. Por instigación de la niña, ambos se escondieron detrás de un sofá y terminaron explorándose mutuamente sus genitales. La curiosidad impidió que advirtieran el acercamiento de la mamá de

Ronald. Cuando vio lo que estaban haciendo, arrancó furiosamente a Ronald de detrás del mueble, lo volcó sobre su falda y lo castigó en público.

Había habido otros episodios en los que su madre se había puesto furiosa con él por acciones «enojosas» similares que en general eran manifestaciones normales de la sexualidad infantil.

A consecuencia de la terrible reacción de su madre ante estos experimentos, Ronald había llegado a creer no solamente que el juego sexual era malo, sino que su sexualidad disgustaría y enojaría a las mujeres en general. Convencido de esto, Ronald había crecido esperando un mal trato de parte de las chicas. De modo que cada vez que experimentaba los altibajos propios de las relaciones de noviazgo, se decía a sí mismo: «Es porque saben lo que estás pensando y les disgustas».

Por lo tanto, el bien supremo de Ronald era mantenerse «seguro» y evitar ser lastimado por una mujer. Lo «más horrible» para él era ser rechazado o tan siquiera imaginar que era rechazado como hombre. Era un ataque a su masculinidad. Esto lo llevó a creer que tenía que evitar cualquier relación que implicara vulnerabilidad, *especialmente* el matrimonio.

Algunos quizás descubran que coinciden con el falso concepto de Ronald de que la cosa más horrible es sentirse lastimado. ¿Está de acuerdo Dios con eso? Ayudar a Ronald significaba, en parte, ayudarlo a percibir cómo había promovido una brecha dolorosa e innecesaria con Dios, que nos enseña la importancia de amarnos unos a otros y que proclama, para todos los tiempos, que «no es bueno que el hombre esté solo; le haré ayuda idónea para él» (Génesis 2.18).

Ronald pudo reconocer cómo sus falsos conceptos lo habían alejado del plan de Dios. Eventualmente empezó a ensayar relaciones con el sexo opuesto. Aunque era apenas un principiante la última vez que lo vi, estaba avanzando en su primera relación de confianza con una mujer. Finalmente fue capaz de ser vulnerable y escapar de la mentira que dice que una herida es la cosa más horrible que nos puede suceder.

La falta de seguridad

María Elena había alcanzado los sesenta y cuatro años, pero las memorias de una infancia dolorosa y llena de privaciones todavía seguían frescas.

Se había criado durante la época de la Gran Depresión, hija de un granjero muy pobre. Había habido ocasiones en que habían tenido que comer sólo legumbres por días enteros; vivían en una choza, mientras su padre intentaba hacerse de unos pesos aquí y allá. Para empeorarlo todo, su mamá habitualmente predecía lo peor. En combinación con los rasgos de pobreza de su familia, esto produjo en María Elena un «hábito de inseguridad».

Hasta la vejez, María Elena vivía atormentada por la idea de que algo malo estaba a punto de suceder. Temía que ella y su esposo perdieran todo lo que habían logrado tener trabajando duro, a pesar de que estaban bastante bien financieramente y de que estaban asegurados al máximo.

Para María Elena, la cosa más horrible era carecer de las cosas materiales y su bien supremo era alcanzar una situación en la que no hubiera forma de sufrir pérdidas. Aunque dedicaba la mayor parte de sus energías a obtener esa seguridad, nunca podría encontrarse lo suficientemente segura como para estar tranquila. Otra vez se trata de una brecha entre ella y Dios respecto a qué es la cosa más horrible y cuál es el bien supremo.

De acuerdo con Jesús, sin embargo, el bien supremo es el reino de los cielos. Debemos buscar primero su reino y no dedicarnos a acumular dinero, que puede impedirnos servir a nuestro Señor y Maestro (Mateo 6.19-34). A los ojos de Dios el bien es entregar todo lo que tenemos, si fuera necesario, a cambio de entrar en su reino, mientras que la cosa más horrible es no encontrar la puerta para entrar en él.

Miguel

La preocupación central de Miguel era probar su masculinidad. De contextura delgada, de niño muchas veces faltaba a clases por alguna dolencia ínfima que su madre sobreprotectora consideraba mayor; incompetente en los deportes, Miguel se transformó en el blanco de todas las bromas. Por ello se convenció de que le faltaba lo necesario para ser un verdadero hombre y entonces era necesario comportarse como un toro salvaje. Cuando lo hacía, se acababan las bromas y los demás se retraían. «Si no hablo a viva voz, si no actúo agresivamente, si no me comporto con torpeza, la gente va a dudar de mi masculinidad y entonces me van a herir», se decía Miguel a sí mismo. Lo más horrible, para Miguel, era que lo consideraran una mujercita, «poco hombre». Para él, el bien supremo era convencer a todos hasta el punto de que dejaran de gastarle bromas o mirarlo con desdén. La ruda masculinidad se transformó en su falso dios.

Mantenerse delgado

Otro grupo de personas que sufren, son conocidos como anoréxicos y bulémicos se mortifican hasta lo patológico con el afán de mantenerse delgados. Frecuentemente se trata de personas que, por distintos motivos, han empapado su cerebro con la noción de que la persona ideal es la que no tiene nada de grasa entre la piel y los huesos. Pálidos y escuálidos, se sienten siempre lejos de su imagen idealizada y mantienen una imagen distorsionada de sus propios cuerpos, a los que ven horribles, desagradables, cubiertos de rollos desbordantes de grasa.

A veces encontramos en el pasado de estas personas una infancia de abusos, sicológicos o sexuales. Al crecer en un mundo de abusos, golpes y caos, donde hasta sus cuerpos están sometidos al control de otro, conciben la noción de que lo más horrible de todo es no tener control sobre sí mismos.[2] Los medios de comunicación, en una cultura que subraya la dieta y el ejercicio, sugieren un recurso de autocontrol que nadie puede arrebatarles: el control del propio peso. El control del peso, hasta el punto que mantener una extrema delgadez, se vuelve fácilmente en una forma de vida.

---

2 No quiero con esto hacer una sobresimplificación de los desórdenes relativos a los hábitos de comida, sino ubicarlos en el contexto de este análisis.

A partir de los mensajes de las películas, de la televisión, las revistas de modas y quizás de las conversaciones con sus padres, estas víctimas han desarrollado el falso concepto radical de que la cosa más horrible que existe es ser gordo, es decir, tener la más mínima proporción de grasa. Un cuerpo delgado, según ellos, es el bien supremo, lo máximo por lo cual vale la pena vivir y aun (como ocurre en algunos desórdenes severos) morir.

Hogar

Durante mi propia separación de Dios, creía que el bien supremo era mi hogar y mi familia. Como me habían obligado a dejar la casa, me habían privado de mis hijos y de la mayor parte de mis ingresos y pertenencias, consideré que todo esto era intolerable. Creía firmemente que nunca me podría recuperar de esa pérdida.

Supongo que desarrollé ese falso concepto como consecuencia de un suceso catastrófico en mis primeros años de vida: mi propia familia se había visto destruida por el divorcio de mis padres. Siendo niño, decidí que nada podía ser peor. Creo que la mayor parte de los hijos de padres divorciados deciden que, pase lo que pase, su propio matrimonio deberá sobrevivir. Pero es un error decirse a uno mismo que lo peor que puede suceder es un divorcio. Si usted cree eso, está preparando la escena para una potencial separación de Dios y para un indecible quebranto como consecuencia. Aun algo tan noble como un buen hogar y una buena familia pueden llegar a ser un sustituto de Dios.

Los principales falsos conceptos respecto a qué es lo bueno

Analice cada uno de los siguientes conceptos errados hasta captar de qué manera implican equivocaciones respecto a qué es lo más horrible que puede suceder y complementariamente, cuál es el bien supremo. Cada error concluye en que valoramos alguna otra cosa en lugar de valorar el único y verdadero bien supremo: Dios y su reino.

Se siente fácilmente herido. Quizás se diga: «Es indispensable que reciba aprobación y estímulo de todos los que me rodean. Si una sola persona me desaprueba, me doy por vencido». Lo más horrible es la desaprobación de los seres humanos; el bien supremo es la alabanza y el reconocimiento.

No hace lo que debiera hacer o no logra cambiar un mal comportamiento. Probablemente se diga, entre otras cosas: «No debiera hacer nada desagradable, difícil, aburrido o tedioso para obtener lo que deseo». Lo más horrible es tener que aceptar lo que resulta poco placentero, lo que requiere paciencia o esfuerzo; el bien supremo es obtener fácilmente lo que se desea.

«Son los demás los que producen mi infelicidad», o «Las circunstancias me trastornan». Casi todos creemos esto. Creemos que lo más horrible que puede suceder es que nuestras circunstancias o los demás no sean perfectos; el bien supremo son las personas agradables y las circunstancias apropiadas.

Está deprimido. Las personas deprimidas casi siempre se devalúan equivocadamente a sí mismas, con variaciones del mismo tema: «No sirvo para nada, no valgo nada, soy inútil, soy un fracaso». Es horrible ser quien soy; el bien supremo sería ser otro.

Se aflige demasiado. Probablemente se entretenga pensando: «¿Qué si...?» «¿Y si sucede tal cosa? ¿No sería horrible?» Lo más horrible es tal cosa; el bien supremo es estar asegurado contra ella.

Consideremos los tres falsos conceptos que indefectiblemente encontramos en las personas deprimidas y que se conocen como la «tríada de la depresión»: «No valgo nada; la vida no vale la pena; no tengo esperanzas en el futuro». En cada uno de estos conceptos la persona que sufre está equivocadamente desvalorizando algo. Lucas 15 presenta, en forma gráfica, la revelación de Jesús respecto al enorme valor de cada persona, aun la más pecadora. En 1 Corintios 10.31 y Colosenses 3.17 el apóstol nos dice que la

vida más simple, si se la vive para la gloria de Dios, es valiosa. En
1 Pedro 1.3-5 se nos dice que Dios ha creado una esperanza viva
para nosotros que permanece en el futuro, no importa cuán moles-
tas nos puedan parecer las circunstancias actuales.

La persona que padece de una tendencia perfeccionista, sos-
tiene como bien supremo de la vida un bien menor. Es bueno ser
una persona competente, capaz y exitosa, pero *no* es esencial que
una persona sea *siempre* buena en *todo*.

El error de la persona ansiosa reside en la noción de que la
actitud de pensar constantemente en los desastres que le van a
suceder, la ayudará a evitar esa tragedia y que es bueno recordarse
vez tras vez lo horrible que eso puede llegar a ser. De hecho, esa
persona considera que imaginarse todas las posibles tragedias del
futuro es mucho mejor que dejar a Dios el control de su vida y dar
la bienvenida, con una actitud confiada como la de un niño, a todo
lo que Él permita que ocurra.

Todas las cosas que consideramos como horribles o como bien
supremo, según nuestros falsos conceptos, tienen algo en común:
no sólo son equivocados, sino que son religiones falsas y pobres.
Cada una de ellas proclama que lo máximo es algo distinto de
Dios. No causa sorpresa que cada uno de ellos abra una brecha con
el Dios verdadero.

Dios mismo y su Palabra definen qué es lo bueno, no usted o yo.
Por lo tanto, aun las cosas que suceden en contra de nuestros
deseos pueden finalmente producir el mayor de los bienes posibles
—si le permitimos a Dios que nos modele—, porque somos hijos
del Autor de los dones buenos y perfectos.

Descubra sus propios falsos conceptos

Como una ayuda para descubrir sus propias falsas creencias
respecto a qué es lo bueno, puede tomar lápiz y papel e intentar el
siguiente ejercicio.

En primer lugar, lea la lista a continuación y anote las creencias
con las cuales se identifica. Estas son claves que indican sus
propios conflictos emocionales y de conducta. No significan

necesariamente que esté mentalmente enfermo, si no sólo que algunas emociones o acciones le producen ciertas dificultades.

En segundo lugar, traduzca cada falso concepto en una afirmación respecto a qué sería lo peor y lo mejor para usted. («Las personas debieran amarme» se traduce en: «Es horrible cuando los que me rodean no me dan aprobación y afecto», y «el bien supremo es estar flotando en atención y admiración».)

En tercer lugar, trate de expresar sus propias afirmaciones sobre sus desacuerdos con Dios respecto a qué es lo bueno. («¿Por qué permites que *ella* obtenga toda la atención y la admiración, Señor, cuando yo lo merecería más que ella?»)

Cuarto, analice sus falsos conceptos y descubra en qué manera constituyen una idolatría mental. De esta manera, descubrirá su propia brecha con Dios.

Aquí está la lista (y no olvide de incluir otros que se apliquen a su situación):

_____ La gente debería quererme.

_____ La gente debería aprobarme.

_____ La gente debería entenderme.

_____ Tengo que ser perfecto.

_____ Tengo que ser el mejor.

_____ Tengo que tener la razón.

_____ No debería necesitar hacer un esfuerzo difícil y desagradable para poder cambiar. Debería serme fácil.

_____ Cuando la gente no me presta atención, no puedo ser feliz.

_____ La gente debe satisfacer mis expectativas, de lo contrario me siento miserable.

_____ Cuando mi cónyuge no tiene en cuenta mis sentimientos, es horrible. Es terrible estar casado con esa clase de persona.

_____ Debería poder hacer mi propia vida y ser feliz, sentándome a esperar que otros hagan lo que a mí me gusta.

La brecha no es invento de Dios

No tendrás dioses ajenos delante de mí. No te harás imagen, ni ninguna semejanza de lo que esté arriba en el cielo, ni abajo en la tierra, ni en las aguas debajo de la tierra. No te inclinarás a ellas, ni las honrarás; porque yo soy Jehová tu Dios, fuerte, celoso. (Éxodo 20.3-5)

Dios no odia la idolatría porque sea egocéntrico, sino porque las personas que llenan su mente con falsedades abren una brecha entre sí mismos y la verdad. Al hacerlo, no hacen sino provocar su propio derrumbe.

Salomón dice que el temor de Jehová (no el temor idolátrico de lo que otros piensan, ni el temor a las pérdidas, ni el temor a las heridas, ni el temor a ninguna otra cosa horrible) es el principio de la sabiduría. Y la sabiduría consiste en volverse de la idolatría, hacia Dios. Decirse a sí mismo la verdad, es decir, reconciliarse con el Dios de verdad, lo guiará a la vida abundante prometida en las Escrituras (véase Proverbios 1.1-7).

Considere lo que la sabiduría le brindará:

Porque Jehová da la sabiduría, y de su boca viene el conocimiento y la inteligencia. Él provee de sana sabiduría a los rectos; es escudo a los que caminan rectamente. Es el que guarda las veredas del juicio, y preserva el camino de sus santos. Entonces entenderás justicia, juicio y equidad, y todo buen camino. Cuando la sabiduría entrare en tu corazón, y la ciencia fuere grata a tu alma, la discreción te guardará; te preservará la inteligencia, para librarte del mal camino, de los hombres que hablan perversidades, que dejan los caminos derechos, para andar por sendas tenebrosas (Proverbios 2.6-13).

El Dios eterno es Jehová, el cual creó los confines de la tierra. No desfallece, ni se fatiga con cansancio, y su entendimiento no hay quien lo alcance. Él da esfuerzo al cansado, y multiplica las fuerzas del que no tiene ningunas. Los muchachos se fatigan y se cansan, los jóvenes flaquean y

caen; pero los que esperan a Jehová tendrán nuevas fuerzas;
levantarán alas como las águilas; correrán, y no se cansarán;
caminarán, y no se fatigarán (Isaías 40.28-31).

Al releer estos pasajes, podrá contrastar las vívidas descripciones de la ilimitada superioridad de Dios, con sus propios falsos
«conceptos supremos». Lo que Isaías quiere que entienda es que si
reflexiona correctamente acerca de quién es Dios, vivirá esa vida
«sobre alas» que Él describe, en lugar de vivir la vida desespe-
ranzada, derrotada, amenazada, que los ídolos y dioses falsos
proveen.

Considere este sombrío pasaje, como una advertencia de un
Padre amante que no quiere que sufra:

> Porque la ira de Dios se revela desde el cielo contra toda
> impiedad e injusticia[...] Porque las cosas invisibles de él, su
> eterno poder y deidad, se hacen claramente visibles desde la
> creación del mundo, siendo entendidas por medio de las
> cosas hechas, de modo que no tienen excusa. Pues habiendo
> conocido a Dios, no le glorificaron como a Dios, ni le dieron
> gracias, sino que se envanecieron en sus razonamientos, y
> su necio corazón fue entenebrecido[...] Cambiaron la ver-
> dad de Dios por la mentira, honrando y dando culto a las
> criaturas antes que al Creador, el cual es bendito por los
> siglos. Amén. (Romanos 1.18, 21, 25).

Si tiene una brecha con Dios a causa de un dios falso, quiere
decir que ha cambiado la verdad de Dios por una mentira. De
modo que el sufrimiento en su vida y en sus relaciones puede ser
la ira de Dios revelada desde el cielo. Él no puede bendecir ni
aprobar una creencia o una conducta que nos aleja a nosotros, sus
criaturas, de la Fuente de la vida y el bienestar. Puede encontrar
enseñanzas bíblicas que lo ayudarán a sanar esa brecha, no sólo en
este libro, sino en toda la epístola a los Romanos. Allí, Dios
muestra el camino hacia la paz y la reconciliación con Él.

Hay otra opción, por supuesto. Puede quedarse donde está, insistiendo que Dios salga al foro, se ponga ante el estrado y rinda cuentas.

Es hora de que analicemos a qué nos conducen nuestras exigencias cuando nos negamos a encontrar descanso en su Palabra.

VIAJE EN CANOA

ROCAS DE NIEBLA

Bajo la superficie del agua,
parecían sólidas,
   inamovibles.
Las tocamos con los remos,
   dudando.
Comprobamos que eran
   sólo niebla;
Raras nubes bajo el agua,
confusas sombras de la realidad.

Ahora vemos por espejo, oscuramente;
   mas entonces veremos cara a cara.
Ahora conozco en parte;
   pero entonces conoceré
como fui conocido.

OCHO

ADÓNDE NOS DEJA ESTE ABISMO

Cuando pensé en la posibilidad de relatar la historia de mi propia brecha con Dios que aparece en el primer capítulo, me sentía preocupado. ¿Se sentirían algunos lectores tan impactados y ofendidos por mi ira hacia Dios que cerrarían el libro sin terminar de leerlo?

Como he escuchado a tantos amigos y pacientes, luchando por ser honestos respecto a sus emociones, estoy convencido de que aquellos que viven una permanente paz con Dios son una verdadera minoría.

La mayoría de los creyentes que conozco se han sentido tocados y heridos por lo que les parece una manera «ruin» de tratarlos por parte de Dios.

«Dios me ha echado a un lado» se quejaba una mujer. Según ella era culpa de Dios que siguiera soltera. «Otros obtienen lo que piden. Pero cuando *yo* oro por lo que deseo, Dios me da lo opuesto. Solía tener un novio, pero desde que estoy orando por un esposo, ni siquiera me invitan a salir».

Iván, el ateo de Dostoievsky del que leímos en el capítulo tres, estaba algo más que ofendido, dolido o impactado. Había rechazado a Dios definitivamente. Había cometido, al menos dentro de su mente, un *deicidio*. Había asesinado a Dios.

Por supuesto que hay muchas personas, aun creyentes «de fe», que si bien no se han deshecho de Dios han hecho concretamente a un lado su fe. A veces me pregunto si los creyentes no son más susceptibles a sentirse espiritualmente heridos, porque creen tan apasionadamente en Dios y esperan tan fervientemente que Él satisfaga lo que le piden. Un autor ha analizado los efectos de estas heridas en un libro llamado *Disappointemnt With God* [Desilusionados de Dios].[1]

Llamésmole de cualquier forma a estas emociones: desilusión, dolor, ira, amargura. Una cosa es cierta: No podemos albergar sentimientos hostiles a Dios, no importa cuánto logremos enterrarlos, sin que tenga consecuencias en nuestra propia persona y en nuestra relación con los demás. La brecha con Dios es un ingrediente corrosivo de nuestro andamiaje emocional y espiritual. Si no se le trata, se transforma en consecuencias de gran alcance.

Un «régimen libre» en el universo

La brecha con Dios nos abandona solos en un mundo impersonal, donde Dios no es más que una fuerza ciega que no se da cuenta ni le interesa nada. Hace poco escuché hablar en público a una teóloga que había estado a punto de ser asesinada por un brutal asaltante. Después de un largo período de convalescencia, sus heridas habían sanado al punto de estar en condiciones de volver al púlpito y por primera vez habló en público acerca de su tragedia. Aunque le resultaba muy difícil, mantuvo una notable dignidad mientras describía los horrores que había vivido.

Lo que más captó mi atención fue la manera en que percibía a Dios. Negaba que Dios hubiera causado su adversidad; negaba que Él la hubiera deseado; negaba que Él la hubiera permitido. En síntesis, lo que decía es que Él no tenía nada que ver con lo que le había sucedido. Mientras reflexionaba en su mensaje, advertí que por la manera en que había enfocado su tragedia *no* había recurrido al Dios de la Biblia sino a la lógica, y a una fría doctrina. Para ella, Dios ya no era Aquel que conoce y cuida del pequeño gorrión que cae al suelo. En realidad, estaba a punto de *deshacerse* de Dios.

Muchos, como ella, destilan su ira negando de manera radical la intervención de Dios en sus vidas. Algunos levantan un esquema

---

[1] Yancey, Phillip: *Disappointment With God: Three Questions No One Asks Aloud* [Desilusionados de Dios: Tres preguntas que nadie hace en voz alta], Ed. Zondervan, Grand Rapids, Mich., 1988.

filosófico afirmando que Dios creó el universo, le impuso algunas leyes, lo puso en movimiento y luego se retiró a un estado de inacción eterna, dejando a la creación desenvolverse por sí misma por un tiempo preestipulado. En otras palabras, expulsan al Todopoderoso de su universo.

Cuando declaramos que la voluntad libre del hombre es mayor que la intervención divina pagamos un alto precio por ello. ¿Cómo podemos elevar una oración significativa a un Dios que es menos que nosotros? ¿O menos de lo que Él mismo declara ser?

Cuando permite que crezca la brecha que lo separa de Dios, y le niega un lugar significativo en su historia personal, debe de enfrentar esta alarmante realidad: si Él no está allí, o no se interesa por usted, está terrible e indefectiblemente solo y abandonado en un incomensurable universo.

La brecha nos deja en un total control de nuestra propia vida. Usted es su propio dios. Esto puede parecer atractivo en un primer momento. («¡Grandioso! ¡Puedo manejar mi propia vida!») Muchos se sienten entusiasmados porque creen que tienen el derecho y el poder de elegir por sí mismos. En realidad, sin embargo, resulta terrible que Dios finalmente retire sus manos y diga: «Elige tu propio camino y haz lo que quieras. ¡He terminado mi parte!»

En Romanos, Pablo define la ira de Dios como la situación en la cual Dios se rinde totalmente respecto a una persona. Da un paso atrás y le permite que sea absolutamente responsable de sí mismo. No hay a quien recurrir que realmente sepa algo. Nadie en quien confiar que tenga el poder de hacer lo que deba hacerse. Solamente un minúsculo ser, haciendo su propio camino.

La brecha nos deja en un estado de rebelión. Un pequeño ejemplo es lo que en una ocasión ocurrió en nuestra familia. Lo quiero relatar para mostrar cómo la ira, aun por cosas triviales, puede transformarse en una brecha, en un intento de «destronar» a Dios.

Nuestra familia tuvo hace un tiempo dos caballos, Sadrac y Mesac (nunca logramos encontrar el Abed-nego adecuado). Eran la niña de los ojos de mi esposa. Candy amaba devotamente a esos animales.

Los manteníamos en una granja cercana pero un día los caballos se escaparon. Si se disponían a hacerlo, podían explorar todo el lejano oeste.

Pasó un día y otro; pero los caballos no aparecían por ningún lado. Candy se sentía más y más angustiada. Al segundo día, estaba segura de que sus caballos habían sido robados y que no volvería a verlos. No había consuelo para su llanto.

Después se sintió resentida. Me sorprendió oirla decir: «Dios no es veraz en lo que dice. ¿Por qué permite que esto suceda? ¿De qué sirve ir a la iglesia y orar?» Desde su perspectiva, Dios había hecho lo suyo. Y su reacción era la ira que a su vez se estaba transformando en rebelión.

Hoy Candy se siente mortificada cuando recuerda ese episodio. Ambos sonreímos cuando pensamos en la forma tierna y amorosa en que el Padre toleró y corrigió con suavidad ese brote de rebelión. (De paso, encontramos los caballos comiendo muy contentos el campo de alfalfa de un vecino.)

Me pregunto cuántas veces al día Dios resulta el blanco de la rebelión de alguna persona, por cosas triviales que no salen bien, cosas que a menudo se deben más a nuestro propio descuído que a su propia falla en proveernos y protegernos.

¡La brecha puede empujarnos a querer «demostrarle» algo a Dios! Manuel cerró de un golpe la puerta del auto, entró como una tromba a la taberna y se dirigió al mostrador. Ordenó un martini doble, extra seco. Estaba decidido a emborracharse porque «Dios le había hecho una mala pasada».

Pese a su esforzado trabajo, sacrificio, oración, lectura de la Biblia y su lucha por mantenerse abstemio, Dios no le había mostrado ninguna señal de su amor. Manuel había orado pidiendo una promoción en el trabajo. En lugar de él fue José quien la obtuvo, a pesar de que sus calificaciones eran menores. Y además, Manuel había *orado*.

Después del primer martini pensó: *Fue tan estúpido de mi parte creerme toda esa basura acerca de las promesas de Dios. Renuncio a tratar de complacerlo. Voy a dejar de mantener su apestante compañía.* Pensaba demostrarle a Dios que podía obtener éxito sin la así llamada ayuda de su parte.

Así es con muchos de los que se enojan con Dios. Se disponen a lograr que Dios se «sienta arrepentido» de haberles fallado tan miserablemente. Redoblan sus esfuerzos y obtienen grandes resultados, entre otras razones, para probar que pueden arreglárselas bien sin la ayuda de Dios. Esperan sentir satisfacción por hacer cualquier cosa para vengarse de Dios, aunque generalmente no ocurre así.

La airada brecha interrumpe nuestra vinculación con la Fuente de vida, poder, amor y respuesta a la oración. A medida que nos vamos alejando cada vez más de Él, sobre una corriente subterránea de ira, algo se nos escapa de las manos: los recursos con que un ser humano debe contar para mantenerse espiritualmente vivo. Nos resulta más difícil orar y tenemos menos expectativas de que Dios nos conteste. El poder interior que nos permite vivir se diluirá lentamente, porque la vida fluye del Espíritu Santo en tanto el creyente esté en comunión con Dios. Si expulsamos al Espíritu de nuestro corazón, nuestro estado se describe en la Biblia como *muerte*. Aunque su corazón aún no se haya detenido, usted está muriendo espiritualmente.

Creo que Miguel estaba experimentando esta clase de muerte.

Miguel

Miguel, un paciente de sesenta y dos años, había quedado deprimido desde la muerte de su esposa, tres años atrás. Cruzó las manos sobre sus rodillas y se inclinó hacia mí para explicarme el motivo de su consulta. Trataré de reproducir nuestro diálogo:

Miguel: Nada ha sido igual desde entonces. Debería superarlo, pero ¿por qué tuvo que dejarme Beatriz justo cuando íbamos a empezar a disfrutar de la vida? Habíamos completado el pago de la hipoteca. El menor de los hijos ya había salido de casa. Yo estaba por jubilarme para que pudiéramos viajar. Y entonces se enfermó de cáncer y murió.

Backus: Dice que Beatriz «lo dejó». ¿Es así como se siente respecto a su muerte?

Miguel: Supongo que sí. Siento como si se hubiera marchado y me hubiese dejado solo. Mi razonamiento me dice que Beatriz no podía evitar enfermarse. Pero me pregunto: ¿Por qué? ¿Qué clase de Dios permitiría que un horrible cáncer arrebatara a mi mujer justo cuando todo iba a ser favorable para nosotros?

Backus: ¿Está diciendo que es difícil entender cómo un Dios así podría considerarse misericordioso y compasivo?

Miguel: Así es. ¿Cómo puede ser tan cruel? Eso es lo que me molesta tanto.

Backus: ¿Qué es lo que está sintiendo?

Miguel: No me he *permitido* pensar mucho en el asunto, pero sé que dentro de mí hay sentimientos hostiles hacia Dios. No siento deseos de orar. Sigo yendo a la iglesia de vez en cuando, pero me parece muerta. O quizás me siento muerto yo. O ambos. Supongo que estoy airado con Dios por haberse llevado a Beatriz. Creo que no puedo entender porque me hizo eso a mí. No me puedo sentir bien por lo que hizo. Quizás me he alejado de Él.

Durante varias sesiones Miguel batalló por admitir sus emociones reprimidas y su resentimiento hacia Dios. Descubrió que gran parte de la amargura que él había atribuido a la pérdida de su esposa se debía en realidad a la amargura que sentía hacia Dios que «podría haber curado el cáncer de Beatriz». La ironía era que la salud espiritual de Miguel se estaba consumiento por el cáncer de la ira, produciéndole la depresión que lo había llevado a consultarme.

Cuando la ira expulsa a Dios del corazón de una persona, el efecto en la vida emocional es devastador. Un sicólogo puede no advertirlo, sin embargo, a causa de un preconcepto generalizado de que los temas espirituales sólo representan conflictos neuróticos. Esto hace que muchos terapeutas permanezcan ciegos a la realidad más profunda de lo que sucede en el alma de una persona. Alguien *puede* estar enojado con Dios, y no es de ninguna ayuda ocultar este hecho argumentando que en realidad está enojado con su papá.

La ira con Dios puede conducirnos a comportamientos dañinos que sólo lograrán arruinarnos. Permítame narrar brevemente acerca de Juan, un joven que recurrió al sexo ilícito para «pelear» con Dios.

Nunca hubiera imaginado lo que había detrás de la apariencia pacífica de Juan y de su prefabricada sonrisa angelical. Era un hombre rubio, de veintinueve años, cabello ondulado y ojos celestes; era increíble que fuera un absoluto perdedor en el campo del amor.

Es cierto que su apariencia le permitía hacer rápidas conquistas sexuales. Sin un asomo de exageración, me dijo que se había acostado con cien o más mujeres. Decía que, aunque había llegado a odiar este hábito, era lo único que podía hacer por su hambre de amor y de intimidad. «¿Por qué Dios no me da a alguien que realmente me ame?» preguntó en una de las primeras sesiones.

Finalmente, Juan empezó a preguntarse a sí mismo qué es lo que realmente obtenía de esta promiscua relación con mujeres que en realidad hacía largo tiempo que habían dejado de ser una diversión. Advirtió que se sentía arrastrado. ¿Pero por qué?

—Sabe —musitó un día en el consultorio— casi me gusta la idea de que Dios no apruebe lo que hago.

—¿Qué quiere decir? —pregunté.

—Siento como si le ganara a Dios cada vez que la relación que mantengo termina mal. A veces me descubro pensando: «Le voy a dar su merecido a Dios. Me voy a corromper, me voy a sumergir en suciedad». Sé que es malo para mí y es por eso exactamente que lo hago. ¿Me entiende?

Estaba empezando a entender. Era como si muy dentro de él hubiera culpado al Padre celestial por cada uno de sus fracasos. Expresaba su ira volviéndola *contra sí mismo*, tratando de castigar a Dios, destruyendo su propia sexualidad y dignidad humana.

La ira contra Dios nos impulsa a agredir a otros. A veces, se presentan personas a terapia diciendo que no quieren estar allí. Esa era la situación de Raquel. Dijo que no le quedaba otra alternativa, porque un juez había ordenado que recibiera terapia.

Raquel vivía sola con su hija, Juanita, una niña de diez años de la que había estado abusando. Le habían quitado a la pequeña y se la entregarían nuevamente una vez que hubiera completado la terapia.

A pesar de su resistencia finalmente admitió que había atacado a su hija con unas tijeras. «No tenía intención de matarla o dañarla. Sólo le pegué con ellas. *Accidentalmente* la herí en el cuello con el filo. La niña le contó a alguien en la escuela cómo se había lastimado y un maestro informó a la oficina de Protección de Menores.

Poco a poco supe que Raquel había usado antes las tijeras con el mismo objetivo. También accidentalmente había herido a su hija con otros objetos: una percha, un palo, un cuchillo. Pero nadie la había denunciado antes. Se sentía mal, decía, y quería que le devolvieran a su hija. Esa era la única razón por la que había iniciado el tratamiento: en realidad no quería perder a Juanita.

—Ella me molesta día y noche sin descanso. Tengo que castigarla de alguna manera. Las cosas llegan al punto que me sacan de quicio. Entonces me desbordo. Sí, es cierto que la he lastimado. Sé que soy una mala madre. Una mala persona. ¿No es eso lo que usted quiere oír?

Cuando le pregunté acerca de su relación con Dios, me respondió con ira:

—¡Lo odio! ¡Nunca ha hecho nada por mí! ¿Dónde estaba Él cuando *mi* madre me estaba golpeando a *mí*? ¿Dónde estaba Él cuando Rogelio me embarazó y me abandonó, después de haberme prometido la luna? ¿Dónde estaba Dios cuando yo estaba absolutamente sola en el hospital y nacía mi hija? ¿Dónde estaba Dios cuando lloraba y suplicaba por ayuda para mi bebé? Dios es un fracaso por lo que a mí respecta. ¡No se interesa por mí y yo no cuento con Él!

—¿Cree que a Dios no le preocupa que hiera a su hija?

—Si le importa, si realmente le molesta, entonces, *me alegro*. ¡Se lo merece!

En efecto, en algunas personas la brecha de enojo los empuja a agredir compulsivamente a otras personas, aun aquellos a quienes aman.

Axiomas de la brecha de la ira

La brecha de la ira hacia Dios se basa en monumentales falsas creencias que pueden llegar a ser muy poderosas. La principal (como ya hemos visto): *Dios se equivoca respecto a qué es lo bueno para mí.* Pero la persona airada también enfatiza algunas *verdades*:

Dios está en control. Algunas personas bien intencionadas señalan a sus afligidos amigos que Dios no es responsable del mal. El solamente produce bien. Pero la Biblia ocasionalemte dice que los eventos malos han sido enviados directamente por Dios (véase 1 Samuel 16.14-16; 2 Samuel 12.11; 2 Crónicas 34.24). Con más frecuencia, sin embargo, se nos dice que Satanás es quien produce nuestras desgracias. De todos modos, no debemos olvidar que Dios está por sobre todo. Aunque podría detener el mal, a veces no lo hace. Ningún monto ni tipo de mal puede probar que Dios *no* esté en control.

Dios puede poner freno al diablo y lo hace. Aunque Dios ocasionalmente permite que sucedan algunas cosas terribles en la vida de los seres humanos, siempre pone límites. Satanás no puede trascender esos límites. Podemos inferir legítimamente, según la escena de la corte celestial que se nos presenta en el primer capítulo de Job, que Dios mantiene a Satanás como si fuera un enorme perro encadenado, que sólo puede avanzar hasta determinado punto.

Dios sabe, mejor que nosotros, cómo transformar las consecuencias del mal en algo bueno. Él nos dice:

> Porque mis pensamientos no son vuestros pensamientos, ni vuestros caminos mis caminos, dijo Jehová. Como son más altos los cielos que la tierra, así son mis caminos más altos que vuestros caminos, y mis pensamientos más que vuestros pensamientos[...] Porque con alegría saldréis, y con paz seréis vueltos; los montes y los collados levantarán canción delante de vosotros, y todos los árboles del campo darán palmadas de aplauso. En lugar de la zarza crecerá ciprés, y en lugar de la ortiga crecerá arrayán (Isaías 55.8-9, 12-13).

Las zarzas y la ortiga habían sido permitidas por Dios, pero Él tiene previsto un plan para hacer que la fragancia del ciprés y la belleza del arrayán florezcan y los reemplacen.

No podemos escapar de Dios. El controla todo. Su voluntad es nuestro bien. La brecha que nos separa de Él no modifica el hecho de que existe. No podemos disolverlo hasta que deje de ser. Si esto es así y si el mal está presente en el mundo y en nuestras vidas, sería mejor que echáramos un vistazo a la verdad acerca de Dios. ¿Quién es Él?

Teniendo en cuenta la cantidad de teologías populares y simplificadoras acerca de la persona de Dios, me parece que necesitamos considerar cuidadosamente lo que *Dios* dice acerca de sí mismo.

CANSADA

De alguna forma seguiré trabajando
  en medio de las labores de otoño,
    recogiendo,
      preservando,
      dando abrigo,
    anhelando escuchar:
«Bien hecho, buen siervo y fiel»,
    pero titubeo,
    y más quisiera
    dormir el invierno.

  Pero tengo promesas para guardar,
    y mucho que andar
    antes de dormir.

El Señor me dio lengua de sabios,
para saber hablar palabras
    al cansado;
despertará mañana tras mañana,
    despertará mi oído
para que oiga como los sabios.
El Señor me abrió el oído,
y yo no fui rebelde,
ni me volví atrás.

NUEVE

¿QUIÉN SE CREE DIOS QUE ES?

En la época en que pensaba que mi mundo estaba destruido *creía* saber la verdad acerca de Dios. Pero sólo la conocía en un sentido de la palabra.

Conocía las respuestas correctas de la doctrina acerca de Dios y sus atributos. Pero *me decía a mí mismo* algo diferente. Acopiaba las verdades en algún estante en el fondo de mi cerebro, mientras aplicaba las falsas creencias a mi vida cotidiana. Esta situación de una «mente escindida» me condujo a un estado de conflicto e inestabilidad, tal como nos advierte la epístola de Santiago (véase Santiago 1.6-8).

Lo sorprendente y *triste* es que cuando uno tiene la mente escindida, no se da cuenta de su verdadera situación. Está perdido en una neblina mental y espiritual. Uno acepta esas contradicciones porque cree que la «verdad» religiosa suena bella, aun cuando no funcione en la práctica.

Por ejemplo, uno puede «saber» que Dios es amor (1 Juan 4.8), pero decirse a sí mismo: «No se interesa en absoluto por mí, porque permitió que *eso* me sucediera». Pero un Dios que ama no puede a la vez ser indiferente.

Las creencias por las cuales guiaba mi comportamiento después de mi divorcio eran totalmente opuestas a las verdades que guardaba en el fondo de mi cerebro. He aquí, hasta donde puedo recordarlas, algunas de las contaminantes partículas de reflexión interior que subyacían a mi dolorosa vida cotidiana:

«Lo que había elegido para mi vida, lo he perdido, sólo me quedan pedazos rotos. De ahora en adelante tendré que soportar esta miseria. Mi vida está acabada, he perdido todo lo que podía ser importante».

«Voy a estar absolutamente solo en el mundo, porque nadie me ama y nadie me amará. Debo de ser muy mala persona. Soy un fracasado, y no debiera volver a casarme».

«Dios no me es de ayuda. La religión es una pérdida de tiempo. El cristianismo no tiene eficacia para la vida real. Me parece que la sicología ofrece una comprensión más profunda de la realidad. La respuesta está en conocer cómo opera la mente. Seguramente lo que *yo* necesito es especializarme en las ciencias de la personalidad».

«Puesto que me han tratado mal, tengo derecho a ser indulgente conmigo mismo, a dar rienda suelta a mis deseos, para compensar en algo lo que he perdido. Creo que tengo derecho a un desliz. Después de todo, no me ha servido de mucho ser bueno».

«Me voy a unir a la masa. El mundo está lleno de gente que se divierte: bebe, fuma, baila. Estoy harto de tratar de seguir mandamientos legalistas y difíciles, que de todos modos deben estar fuera de época».

¿Se dice a sí mismo ideas distorsionadas acerca de quién es Dios? Trate de sintonizar su propia reflexión cuando se sienta descontento con sus circunstancias:

«Dios no me ama porque no merezco ser amado».

«¡Dios se ha propuesto hacerme sufrir!»

«Dios no se interesa tanto por mí como se interesa por los "santos", los consagrados, los talentosos, los bien parecidos, los que hablan decentemente, los inteligentes, los brillantes, los pulcros, los inmaculados».

«Si tan solo lograra que Dios respondiese a mis oraciones, entonces sabría que realmente me ama».

«No quiero arriesgarme a que Dios vuelva a lastimarme».

«¡Lo que Dios ha permitido que me ocurra no debiera haberme ocurrido!»

«¡Dios está equivocado, es injusto y arbitrario!»

«Yo sé mejor que Dios lo que es bueno para mí».

Puesto que estas falsas creencias atacan el carácter de Dios son poderosas y pueden hacer un daño enorme. Se nutren de las vivencias que uno tiene en ese momento, en lugar de basarse en la Palabra de Dios que permanece para siempre (Isaías 40.38). Las creencias que se basan *únicamente* en la experiencia llevan a conclusiones erradas acerca de la naturaleza de Dios. Y es por eso que son peligrosas.

Cuando finalmente me abrí a Dios, *en vez de* confiar en mis creencias acerca de Él, repentinamente llegué a percibir la Verdad de una manera diferente y revolucionaria. La verdad era ahora la pauta por la cual juzgar mis experiencias. Esto era exactamente lo opuesto a lo que había venido haciendo. Ya no tenía que sentirme lastimado y golpeado por las circunstancias. Podía ser fuerte en mi interior porque podía dejar de atormentarme con mentiras y en cambio empezar a construirme con la verdad.

¿Cuál *es* la verdad acerca de Dios? ¿Qué es lo que necesitamos archivar en nuestra biblioteca mental a fin de poder contrarrestar nuestro propio falso monólogo interior?

El único Dios verdadero

He aquí algunas de las cosas que Dios dice acerca de sí mismo:

Dios es quien te ama eternamente. «Con amor eterno te he amado; por lo tanto, te prolongué mi misericordia» (Jeremías 31.3).

Dios te ama aun cuando no lo ames ni le sirvas, aun cuando estás pecando. «Mas Dios muestra su amor para con nosotros, en que siendo aún pecadores, Cristo murió por nosotros» (Romanos 5.8).

Dios está de tu lado, no en contra tuya; es tu Aliado, no tu Enemigo; tu Ayudador, no tu Destructor. «Si Dios es por nosotros;

¿Quién contra nosotros? El que no escatimó ni a su propio Hijo, sino que lo entregó por todos nosotros, ¿cómo no nos dará también con él todas las cosas?» (Romanos 8.31, 32).

Dios tiene un plan específico para nosotros. Su plan para nosotros es bueno, no malo. «Yo sé los pensamientos que tengo acerca de vosotros, dice Jehová, pensamientos de paz, y no de mal, para daros el fin que esperáis. Entonces me invocaréis, y vendréis y oraréis a mí, y yo os oiré; y me buscaréis y me hallaréis, porque me buscaréis de todo vuestro corazón. Y seré hallado por vosotros» (Jeremías 29.11-14).

Dios siempre es justo con nosotros, nunca injusto. «Oh Dios[...] de justicia está llena tu diestra» (Salmos 48.10).

Las obras de Dios en nuestra vida son justas y rectas, nunca equivocadas, arbitrarias o injustas. «Con tremendas cosas nos responderás tú en justicia, oh Dios de nuestra salvación, esperanza de todos los términos de la tierra, y de los más remotos confines del mar» (Salmos 65.5).

Es evidente que la perspectiva que Dios tiene de sí mismo, tal como está planteada en su Palabra, no coincide con las afirmaciones de nuestras alienantes falsas creencias. Veamos esto más en detalle.

Cuando *nosotros* decimos... Dios dice...

Cuando decimos «Dios me hizo perder el trabajo», «enfermó a mi hijo», «hizo que me casara con un perdedor», «me hizo fracasar», Dios nos responde que Él sólo hace bien, no mal:

> Gustad, y ved que es bueno Jehová; dichoso el hombre que confía en él (Salmos 34.8).
> Porque justo es Jehová nuestro Dios (Daniel 9.14).
> Jehová mi fortaleza es recto, y en él no hay injusticia (Salmos 92.15).

Cuando decimos: «Quizás Dios ama a algunas personas, pero no me ama a mí», Dios dice que lo ama específicamente a *usted*, aun si está alienado de Él:

El Hijo del Hombre vino a buscar y a salvar lo que se había perdido (Lucas 19.10).

Respondiendo Jesús, les dijo: Los que están sanos no tienen necesidad de médico, sino los enfermos. No he venido a llamar a justos, sino a pecadores al arrepentimiento (Lucas 5.31, 32).

[...]De tal manera amó Dios *al mundo*, que ha dado a su Hijo unigénito[...] (Juan 3.16).

Cuando decimos «Dios me ha olvidado», Él dice que no puede olvidarnos porque nos guarda en sus pensamientos. ¡Más aún, dice que nunca deja de tenernos presentes!

Pero Sion dijo: Me dejó Jehová, y el Señor se olvidó de mí. ¿Se olvidará la mujer de lo que dio a luz, para dejar de compadecerse del hijo de su vientre? Aunque olvide ella, yo nunca me olvidaré de ti. He aquí que en las palmas de las manos te tengo esculpida; delante de mí están siempre tus muros (Isaías 49.14-16).

Cuando decimos: «Dios no contesta mis oraciones», Él dice que *sí* las contestará cuando sea el tiempo apropiado. Y ese tiempo será pronto, aunque a nosotros nos parezca una espera terrible. (¡Sólo hay que tener paciencia!):

Antes que clamen, responderé yo; mientras aún hablan, yo habré oído (Isaías 65.24)

También les refirió Jesús una parábola sobre la necesidad de orar siempre, y no desmayar[...] ¿Y acaso Dios no hará justicia a sus escogidos, que claman a él día y noche? ¿Se tardará en responderles? Os digo que pronto les hará justicia (Lucas 18.1-8)

Cuando decimos: «Dios no guarda su palabra ni cumple sus promesas en lo que a mí se refiere», Él dice que nunca miente y nunca quiebra sus promesas:

> [Dios interpuso juramento] para que por dos cosas inmutables, en las cuales es imposible que Dios mienta, tengamos un fortísimo consuelo los que hemos acudido para asirnos de la esperanza puesta delante de nosotros. La cual tenemos como segura y firme ancla del alma[...] (Hebreos 6.18, 19).

Cuando decimos: «Dios es arbitrario e injusto, y las circunstancias que me ha impuesto son terribles», Dios dice que Él nunca es arbitrario ni injusto. También dice que no estamos en posición de juzgarlo. Él sabe mucho más que nosotros. De modo que si pensamos que nosotros estamos en lo cierto y Él está equivocado, es nuestra creencia la que tenemos que modificar.

> ¿Quién es ese que oscurece el consejo con palabras sin sabiduría? Ahora ciñe como varón tus lomos; yo te preguntaré, y tú me contestarás. ¿Dónde estabas tú cuando yo fundaba la tierra? Házmelo saber, si tienes inteligencia (Job 38.2-4).

Cuando decimos: «Sé que los mandamientos de Dios me indican que haga esto o aquello; pero yo tengo necesidades que deben ser satisfechas, de modo que al menos por esta vez creo que es bueno para mí hacer lo que Él me ha prohibido (o no hacer lo que me ha ordenado que haga)», Dios dice qué Él sabe más que nosotros. Sus mandamientos son buenos y sus preceptos nos ordenan a hacer *sólo* lo que es *bueno* para nosotros, sea que nos demos cuenta de ello o no:

> Guarda sus estatutos y sus mandamientos, los cuales yo te mando hoy, para que te vaya bien a ti y a tus hijos después

de ti, y prolongues tus días sobre la tierra que Jehová tu Dios te da para siempre (Deuteronomio 4.40).

Te pondrá Jehová por cabeza, y no por cola; y estarás por encima solamente, y no estarás debajo, si obedecieres los mandamientos de Jehová tu Dios, que yo te ordeno hoy, para que los guardes y cumplas (Deuteronomio 28.13).

La diferencia entre *qué* y *cómo*

Cuando yo era un joven seminarista y asistía a clases maravillosas de teología que ampliaban mi entendimiento, produje lo que pensaba sería el sermón de los sermones. Era un sermón sobre la gratitud. Abarqué totalmente el tema; no dejé nada afuera. ¡El profesor lo aprobó y lo consideró apto para una predicación!

Con profunda satisfacción, lo usé en una pequeña iglesia de Illinois. Después, me paré en la puerta, saludando a los granjeros y a sus familias. Un solo hombre frunció el ceño y me señaló: «Nos dijo mucho acerca de *qué* hacer, pero no nos dijo *cómo*.»

Este no era precisamente el comentario que había estado esperando. Me dio en el centro. No podía dejar de pensar en ello. Tarde en esa noche, mientras seguía consolando mi ego herido, volví a considerar su comentario. El hombre estaba en lo cierto: mi sermón estaba lleno de buenas reflexiones acerca de lo que es la gratitud; pero ni siquiera había rozado el aspecto de cómo una persona desagradecida, puede volverse agradecida.

Desde entonces, he escuchado muchos sermones, algunos de ellos realmente grandiosos y otros que no lo eran tanto. A menudo, hasta los buenos sermones no pasarían el «Examen del granjero de Illinois». Tienen mucho acerca de *qué* es lo que hay que hacer, pero nada acerca de *cómo* hacerlo.

Esa, por supuesto, es la pregunta capital: ¿Cómo hacemos para ponernos en buenas relaciones con Dios, cuando todo nuestro ser tiende a estar en desacuerdo con Él? ¿Cómo hacemos para sacar del estante del fondo de nuestra mente esas creencias sobre las Escrituras que están tapadas de polvo, para que se vuelvan «vivas y eficaces, y más cortantes que toda espada de dos filos»? (Hebreos 4.12).

VIAJE EN CANOA

CAMEL LAKE

Cansados y hambrientos,
    al final del día,
en el extremo lejano del lago
    sin un sitio donde acampar.
Sólo un portal alargado
    y ningún campamento a la vista.
Como cuatro niños ansiosos,
    cada uno rema por su lado,
recorremos la costa
    en las dos canoas
una vez más.

Entonces llega el grito:
    "¡Lo encontramos!"
¿Por qué no pudimos verlo?
Una roca enorme y plana,
con lugar para las carpas,
    con suficiente leña;
        y damos gracias.

No os preocupéis[...]
    vuestro Padre sabe
        que tenéis necesidad de estas cosas.

DIEZ

ESTÉ DE ACUERDO CON DIOS

Lorena perdió su natural euforia cuando nuestro diálogo de consejería sacó a la luz emociones muy dolorosas. Una vez que penetramos bajo la superficie, se revelaron sus heridas íntimas; a pesar de estar casada con un político prominente y muy apreciado, Lorena sentía que ella no valía nada.

Mientras conversábamos supe cómo Lorena se había ocultado entre bastidores, excepto en las ocasiones en que debía estar de pie junto a su esposo en algún acto, o someterse a las entrevistas para las revistas femeninas (que normalmente se interesaban por saber qué le preparaba ella a su esposo para el desayuno). El equivocado concepto de sí misma que había tenido toda la vida, de que ella misma no valía nada, se había hecho aún más profundo. Y ahora que su esposo debía viajar por asuntos de política, ella se quedaba abandonada en la casa, sintiéndose no querida e inútil.

Gradualmente, a medida que fuimos trabajando su conflicto, Lorena alcanzó una autoimagen más veraz. Por ejemplo, había conducido alrededor de veintiocho personas a Cristo. Entonces, le pedí que buscara en la Biblia algo acerca de lo que Dios decía de su valor personal y su servicio en el reino de Dios. Volvió con una larga lista. («Hay gozo en los cielos por un pecador que se arrepiente[...]» «El Padre te ama[...]», etc.) Lorena no tuvo ninguna dificultad en arribar a las conclusiones correctas: ella era una persona valiosa; su vida tenía sentido, tanto por el valioso trabajo que había hecho para Cristo como por su valor intrínseco para Dios como persona.

Le sugerí que buscara un trabajo remunerado o voluntario, para que aprovechara lo mejor posible el tiempo que le dejaban los viajes de su esposo. Le recomendé que usara su conocimiento de la verdad, para reemplazar sus falsas creencias.

Fue entonces que Lorena expresó: «*Entiendo* perfectamente que todo lo que me dice es correcto. Pero me *siento* mal igual».

Yo sería rico si recibiera dinero cada vez que me dicen eso. A muchas personas no les cuesta demasiado entender la verdad, especialmente si son cristianas y tienen conocimiento de las Escrituras. Pero a veces nos resulta difícil erradicar y *modificar* los falsos conceptos de nuestros sistemas de creencias, aun cuando «sepamos» qué es lo correcto.

¿Por qué es tan difícil cambiar?

Siempre es más fácil mantener las cosas como están que modificarlas. ¿Por qué? Por un lado, el hecho de repetir vez tras vez un comportamiento, llega a marcar profundas huellas en nuestra mente, por así decir, que finalmente se transforman en raíces. Por eso es difícil dejar de fumar, renunciar al café, o dejar de pasar sabrosos chismes, si eso es lo que hemos estado haciendo por años. Los hábitos físicos pueden ser difíciles de abandonar y lo mismo ocurre con las creencias y las reflexiones personales.

En segundo lugar, usted y yo a menudo recibimos ciertos beneficios de nuestras falsas creencias.

Digamos, por ejemplo, que usted está constantemente manifestando una baja autoestimación. («Soy tan torpe. Nadie podría quererme».) Quizás los demás hayan reaccionado dándole estímulo. («¡Por supuesto que no! ¡Eres una persona maravillosa!») O quizás se hayan esforzado más por mantenerlo contento.

Recuerdo a un bibliotecario que se decía a sí mismo que era una persona demasiado ansiosa y que en consecuencia no podía escribir sin temblar. Y era cierto. Su letra era tan mala que no podía hacer su trabajo. Quedó cesante y recibió un salario de desempleo, pero pronto se le acabó. Luego un siquiatra lo declaró desabilitado y recibió la pensión correspondiente. Cuando llegó a mi consulta, resultó imposible modificar los falsos conceptos que motivaban su ansiedad. ¡Le pagaban por mantenerlos! Ese tipo de recompensa por una falsa creencia prácticamente garantiza que uno no la modifique.

A veces, un falso concepto es difícil de cambiar porque organizamos nuestra vida alrededor de esa idea. Por ejemplo, Javier se decía a sí mismo, desde que era adolescente: «Mi vida tendrá sentido sólo si la gente presta atención a mis opiniones y si me brindan su reconocimiento y estímulo». Motivado por ese falso concepto y no por un genuino llamado de Dios, Javier entró al ministerio pastoral porque sabía que allí estaría rodeado de personas que le darían constante atención y aprobación. En el caso de Javier, modificar su evidente actitud egocéntrica requería dejar el pastorado. Como su vida estaba organizada en función de la satisfacción de sus falsos conceptos, le costaba reemplazar esos errores con la verdad: ¡No necesitaba recibir atención de la gente todo el tiempo!

Lo mismo que Javier, otras personas que construyen sus vidas alrededor de un falso concepto, tienen que hacer cambios sustanciales si quieren sanar. Y eso requiere decisiones importantes.

Quizás nos cueste cambiar un falso concepto porque nos ha permitido herir a alguien con el que estamos furiosos. («¡Eso se pasa!») O para obtener algo que no nos pertenece. («¡Me lo debe!») O para hacer algo que está prohibido («Tengo derecho».) Dicho en otras palabras, algunas personas han apostado todo a sus falsas creencias.

Si los falsos conceptos son tenaces, entonces sea honesto respecto a qué es lo que lo motiva a aferrarse a ellos y tenga el coraje de cambiar, no importa cuánto cueste.

Necesitamos el Espíritu de verdad

Hay una sola Persona en todo el universo que puede ayudarnos a cambiar los falsos conceptos por la verdad: es el Espíritu Santo. Creo que es imposible llegar a coincidir con Dios a menos que su Espíritu haga una profunda obra dentro de nosotros. He aquí cómo dar los primeros y más sencillos pasos, si es que nunca lo ha hecho.

Comience por confesarle a Dios que lo quiere y lo necesita. Reconozca que su Hijo, Jesús, es su Salvador, el único que puede salvarlo de la muerte y del pecado. Si no ha abierto su corazón a Jesucristo, si no lo ha aceptado como su única esperanza de perdón, renovación y salvación, puede hacerlo ahora. Jesús promete que Dios enviará al Espíritu Santo a morar dentro de usted. Él hará posible que esté en armonía con Dios. Él le hará sentir la verdad como algo vivo y verdadero.

La «condición» que le aporta el Espíritu Santo se llama *fe*. Es la capacidad de creer; es como el ácido que se agrega a un acumulador para que esté en condiciones de recibir una carga eléctrica. Esto nos lo da Dios como un regalo. Cuando Jesús prometió enviar al Espíritu Santo como Consejero de los discípulos, concretamente prometió que les «recordaría» la verdad que Él les había enseñado (Juan 14.26). Ellos ya conocían sus enseñanzas y en general, habían coincidido en que lo que Jesús decía era correcto. Pero necesitaban que esas palabras de verdad estallaran con poder dentro de ellos para que la «realidad» pudiera cambiar. ¿Acaso no es esto lo que has estado anhelando?[1]

El Espíritu Santo trabaja por medio de la Palabra de Dios. Desde el punto de vista práctico, esto significa que debemos estudiar su Palabra en oración, pidiéndole a Dios que haga vivir en nosotros la verdad por el poder de su Espíritu. Ese es el punto de partida, la manera en la que abrimos la puerta al Espíritu de verdad.

Es *usted* quien debe creer

Como hemos notado, la fe es un don de Dios. Pero Pablo describe la Palabra como una espada que usted y yo debemos portar (Efesios 6.17). Usted y yo debemos *insistir* enérgica, resuelta, firmemente, hasta empecinadamente, que los conceptos equivocados que nos ponen en contra de Dios se retiren y en cambio

---

[1] Si quiere hacer un estudio en la Biblia acerca de cómo puede el Espíritu Santo enraizar la verdad en su corazón, puede ver 1 Corintios 2.13, 14 y Efesios 2.8, 9.

debemos practicar, a diario, el decirnos la verdad. Esto significa, silenciar deliberadamente nuestras falsas creencias, en el mismo momento en que las musitamos, «atravesando», por así decirlo, estas mentiras con la palabra de la verdad de Dios. Esta es la parte que nos toca a nosotros en la batalla espiritual (véase Efesios 6.12).

Para poder ganar siempre estas escaramuzas diarias, usted y yo tenemos que aprender a *hacer* muchas cosas. Tener fe no es en absoluto algo pasivo y estático. Podemos encarar esta tarea de acuerdo al siguiente plan:

Prestar atención al monólogo interior. «Conócete a ti mismo», decía Sócrates. Si usted lo practica, puede desarrollar una percepción atenta de las creencias y de los falsos conceptos que corren por su cabeza en cualquier instante. Cuando se sienta mal, irritable, deprimido o molesto... deténgase y escuche lo que está pensando o diciéndose a sí mismo. *Sintonícese.*

Busque constantemente la verdad. Cuando esté tentado a ignorar o pasar por alto la verdad, no tenga piedad consigo mismo. Pregunte: «¿Qué es lo que estoy diciéndome a mí mismo *ahora*?» Si no alcanza a saber por qué su reflexión es falsa o errónea, manténgase ocupado. Pregúntele a otros. Controle la lógica. Y por sobre todo, escudriñe la Biblia si es que el tema se trata en ella. No se de descanso hasta que haya descubierto dónde estaba la falla en su viejo monólogo, y conozca la verdad con la que debe reemplazarla. Trate de que su vida sea una activa búsqueda de la verdad.

Discuta. Quizás le hayan enseñado que no debe discutir ni pelear. ¡Despierte! Cuando está cultivando falsas creencias, está en el mismo terreno que el padre de la mentira, mano a mano con malvados principados y potestades invisibles. ¡Pero puede contraatacar! (véase Efesios 6.10-18).

Practique. Memorice la verdad que se debe repetir. Grábela y escúchela una y otra vez. Y por sobre todas las cosas *úsela*. Si practica lo suficiente, desarrollará el saludable hábito de un monólogo interior veraz.

¿Qué es lo que *realmente* nos decimos a nosotros mismos?

Veamos juntos algunos ejemplos. No serán diálogos entre personas, sino entre las dos naturalezas que habitan en una misma persona.

Una voz es la de la *vieja naturaleza pecaminosa* (VNP). Esta naturaleza repite el eco de las mentiras del enemigo y alimenta en nuestra mente las falsas creencias. La otra voz es la de la nueva naturaleza (NN). Esta naturaleza es nacida del Espíritu Santo y es la que nos insta a vivir según la verdad que tenemos, cuando vivimos en unión con Dios.

En cada uno de los tres «diálogos» que siguen, vamos a examinar qué es lo que sucede en el alma de una persona que está enfrentando una adversidad muy grande.

El trasfondo del primer caso es el de una mujer que ha sufrido una pérdida emocional: el total rechazo por parte de su esposo. Aunque el diálogo que sigue ha sido creado a modo de ilustración, la situación de Gloria se da, lamentablemente, con cierta frecuencia.

Gloria es una preciosa mujer, encantadora, inteligente, madre de dos niños en edad preescolar, dedicada al hogar y a la familia. Estaba totalmente enamorada de su esposo, Carlos. Pero Carlos empezó a cambiar. Resultaba cada vez más difícil complacerlo. Gloria comenzó a orar diariamente por Carlos, pero aun así, seguía cada vez menos afectuoso, y pasaba cada vez más tiempo fuera de la casa. De pronto, sin ninguna explicación, se marchó. Gloria se quedó impactada, cuando supo que su esposo, tenía un amante varón. Se sintió destrozada.

Escuchemos el diálogo interior de Gloria, unos días más tarde:

Nueva naturaleza (NN):	Es tan difícil creer que Carlos sea un homosexual. Al comienzo era un amante tan extraordinario, tan atento y sensible. ¿Pero qué sentido tiene que recuerde todo eso? Tengo que pensar, decidir qué planes hacer.

Vieja naturaleza pecaminosa (VNP): No puedes hacer planes ahora. ¿Cómo podrías siquiera pensar en el futuro sin Carlos? Tu vida está arruinada.

NN: No, eso no es cierto. Siempre tuve miedo de perder a Carlos, más que a ninguna otra cosa. Y ahora que eso ha sucedido, estoy sufriendo enormemente, ¡pero me las puedo arreglar! Tengo unos hijos hermosos. Mi vida *no* ha terminado. Todavía cuento con Dios...

VNP: ¿Dios? ¿Qué ha hecho Dios por ti últimamente? ¿Cómo puedes seguir creyendo que Dios se interesa por ti? La Biblia dice que debes ser una esposa sumisa, pero mira todo lo que has perdido por hacer lo que dice la Biblia. Eres una necia. La Biblia suena bella, pero no funciona. ¿Te va a mantener la Biblia? ¿Le dará de comer a tus hijos? ¿Te dará abrigo de noche?

NN: Creo que Dios responde a las oraciones. La oración es poderosa.

VNP: Has estado orando. ¿Y qué has logrado? ¡Deberías estar furiosa! Dile a Dios lo que realmente piensas de Él. ¡Él permitió que te destrozaran! Cómo puede ser Dios si no tiene poder para...

NN: ¡Basta! Carlos no lo era todo en mi vida. Viví sin él por veintidós años, sin haberlo siquiera conocido. Debo de confesar que en muchos sentidos, hice un ídolo de Carlos y de mi profunda dependencia de su amor. Pero no estoy sin esperanzas, porque todavía tengo a Dios de mi lado. Y una cosa más, no voy a culpar a nadie por el hecho de que Carlos se haya ido, y mucho menos a Dios. Él *nunca* hace el mal. Romanos 9.14 dice: «¿[...] hay injusticia en Dios? En ninguna manera».

Es el comportamiento de Carlos el que está mal, es una afrenta a Dios y a sus mandamientos. Con su propia libre voluntad, Carlos eligió pecar. El apóstol Santiago dijo: «Dios no puede ser tentado por el mal, ni él tienta a nadie;

sino que cada uno es tentado, cuando de su propia concupiscencia es atraído y seducido» (Santiago 1.13, 14).

VNP: Pero Dios podría haber *detenido* a Carlos y evitar que te dejara. ¿Es acaso tan débil e impotente Dios que no pudo evitarte este sufrimiento? También podría haber evitado que llegaras a casarte con Carlos.

NN: Si lo hubiera hecho, no tendría los hijos que tengo. Y eso compensa este sufrimiento. Sí, es cierto que todo podría haber sido más fácil si Carlos no hubiera entrado en absoluto en mi vida, pero en realidad *no lo sé*. Quise casarme con Carlos y voy a asumir la responsabilidad de la vida que vivo, porque tomé esa decisión. Sé que saldré adelante con la ayuda de Dios.

Creo en la Biblia cuando dice: «Tengo por cierto que las aflicciones del tiempo presente no son comparables con la gloria venidera que en nosotros ha de manifestarse» (Romanos 8.18). No se ha escrito toda la historia todavía. No me voy a rendir. Y Dios no me va a abandonar.

Al leer este segmento de monólogo interior, quizás haya notado varias cosas.

Nuestra vieja naturaleza pecaminosa nos quiere retrotraer al estado de incredulidad en que estábamos antes de nuestro nuevo nacimiento en Cristo. Dicho en pocas palabras, quiere restablecer la situación anterior y retomar la conducción. La razón de esto es que la vieja naturaleza está saturada del poder pecaminoso que, desde Adán y Eva, ha determinado que las personas que no conocen a Cristo sean seres espiritualmente ciegos, muertos, y en enemistad con Dios. La vieja naturaleza es realmente un enemigo dentro de nosotros, la parte de nuestro ser con la que Satanás cuenta para introducir sus falsos conceptos.

En segundo lugar, la nueva naturaleza ama y confía en Dios, aun en medio de las dificultades. Por lo tanto, defiende la verdad de Dios.

En tercer lugar, la nueva naturaleza *puede* debatir vigorosamente contra las falsas creencias y reemplazarlas con la verdad.

Somos plenamente capaces de hacerlo cuando tenemos el Espíritu Santo dentro de nosotros.

En cuarto lugar, la nueva naturaleza no se justifica defensivamente, sino que asume la responsabilidad de las elecciones que hace. A diferencia de la vieja naturaleza, la nueva naturaleza se niega a entrar en el juego de buscar un chivo expiatorio.

La nueva naturaleza también hecha mano de la lógica y de las evidencias concretas para respaldar sus argumentos. Usa las Escrituras para detener las insinuaciones de la vieja naturaleza pecaminosa, así como sus falsas declaraciones. La nueva naturaleza sabe que Dios no puede y nunca nos va a mentir, aunque la vieja naturaleza a veces insinúa que Dios nos ha mentido.

En sexto lugar, aun cuando la nueva naturaleza haya obtenido la victoria, eso no significa que la vieja naturaleza desistirá de presionar con sus falsas creencias. Habrá que enfrentar escaramuzas similares de nuevo.

Hemos visto, por supuesto, que hay distintas razones por las que podemos tener una brecha que nos separe de Dios. Una de ellas, que ya hemos examinado antes, es nuestro deseo de tener o hacer algo que Dios ha dicho que no es bueno. Creamos la brecha porque decidimos pecar.

Digamos, por ejemplo, que su pecado más persistente es la *envidia*. Se siente apenado o desanimado cuando algo bueno le ocurre a otras personas. Si soy envidioso, me sentiré mal cuando un colega me iguale o supere en algún aspecto que considero importante. El predicador envidioso anhela que su antiguo compañero de seminario no predique tan bien como él. El vecino envidioso se siente miserable cuando otro tiene una máquina de cortar el césped mejor, o un auto nuevo. La madre envidiosa siente una secreta alegría, cuando el hijo de su amiga falla en la prueba de matemáticas. Supongamos que usted y un amigo muy cercano están compitiendo por una promoción en el trabajo y él es quien la obtiene. Usted trata de decir lo que debe decirse, pero los pensamientos y sentimientos de envidia le molestan tanto que no puede concentrarse en el trabajo.

Veamos su diálogo interior:

VNP: Ya sabes que es de ti de quien obtiene todas las ideas creativas. ¿Para qué abres tu bocaza?

NN: Me niego a caer en una orgía de autoconmiseración y envidia. Ya lo he vivido demasiado y es muy doloroso. Siempre termino deprimido y enojado con Dios por todo. Voy a estar complacido por lo que él recibió.

VNP: Por otro lado, ¿puede ser que la caridad cristiana llegue tan lejos? ¡Pronto estarás aplaudiendo a todos los demás mientras te serruchas tu propio piso! No tienes por qué alegrarte cuando le dan un mejor puesto a alguien que es inferior a ti. Eso es un crimen y tú eres la víctima. Si Dios te ama, ¿por qué permitió que un imbécil te arrebatara el trabajo por el que habías estado orando? ¿Acaso no te das cuenta que Dios tiene sus favoritos? Deberías estar furioso.

NN: No es así, Dios sabe lo que hace con cada una de sus criaturas. Él sabe lo que necesito y como yo no soy omnisciente, no estoy en condiciones de decirle que está equivocado. Si Él permite que ese puesto sea para otra persona, tengo que ponerme de su lado.

　　Lo que a mí me corresponde es decirme la verdad: Mi padre misericordioso, amante y sabio, no me haría daño. Puedo confiar plenamente en Él, de modo que voy a aferrarme a Él. Aun cuando no sobresalga en todo, ¿qué diferencia existe en eso? Mi Padre me ha llenado de cosas buenas. Me niego a escapar de Dios cada vez que alguien me supere. No me voy a sumergir en un abismo sólo porque alguien tenga algo que yo no tengo.

VNP: ¿Pero qué de las «promesas» que hay en la Biblia? Dios no se puso de tu lado. Es el fin de todo.

NN: No, no lo es. Estar separado de Dios es el fin de todo. ¡Dios dice que la envidia no es buena!

　　«Desechando, pues, toda malicia, todo engaño, hipocresía,

envidias, y todas las detracciones» (1 Pedro 2.1). Yo lo he probado. Para mí, Dios es todo dulzura.

VNP: No sabes lo que pierdes. Lo único que Dios quiere es aplastar toda tu fortaleza humana. Debilitarte. Anularte. Todos te pisarán. Sé *hombre*.

NN: He muerto a la vieja naturaleza en Cristo Jesús. Eres mi peor enemigo. Mi nuevo ser sabe por experiencia lo bien que me siento cuando sé que Dios está conmigo y que todo estará bien si me quedo cerca de Él.

Es *fantástico* que Dios haya elegido bendecir a otro además de bendecirme a mí. Es bueno para Él y para mí también.

La mayoría de nosotros tiene que ganar muchas batallas como ésta, antes de poder declarar la victoria sobre el pecado de la envidia.

Pero en cada ocasión, los músculos de la fe se fortalecen, hasta que finalmente el pecado es vencido.

El triunfo sobre el «yo»

Personas consagradas como Evagrio de Ponto, Juan Casián, Juan el Damasceno y Tomás de Aquino (entre otros escritores cristianos posteriores al siglo cuarto), se refirieron al pecado de la «pereza».[2] Actualmente describimos la pereza como ociosidad, pero estos cristianos de la antigüedad se estaban refiriendo a un estado que consideraríamos como depresión, si bien veían en ella una dimensión espiritual más profunda.[3] Ellos observaron que la per-

---

2 Consideraban a la «pereza» como uno de los siete pecados mortales. Pero al leer sus descripciones, sin embargo, descubrimos que lo que ellos llamaban pereza era el estado que conocemos como «depresión». Es llamativo que lo consideraran un *pecado* mortal, y no un mero dejarse estar. La descripción de Juan Casián (siglo IV), puede encontrarse citada en Wenzel, Siegried: *El pecado de la pereza*, «Acedia» en *Pensamiento y escritos medievales*, Chapel Hill, N.C.: University of North Carolina Press, 1967, p. 19.

---

3 *tristtia de bono spirituali*: véase de Tomás de Aquino, *Suma Teológica* II-II

sona «perezosa», o deprimida, evitaba la oración y la lectura de la Biblia y afirmaba que el esfuerzo espiritual no conducía a ninguna parte. También describieron las emociones de la persona deprimida, como el desaliento, la inquietud, la negativa a escuchar, el agotamiento mental, la sensación de que el trabajo es insoportable y de que los días son demasiado largos. Al considerarla como un pecado *mortal*, estaban afirmando que en la base de esa actitud, había una brecha abierta con Dios.

A continuación plasmaré un diálogo modelo que muestra cómo podemos trabajar para salir de la depresión. Recordemos que cuando estamos deprimidos, no tenemos ganas de hacer nada, sobre todo algo que requiera algún esfuerzo. La vieja naturaleza a menudo se ubica en esa actitud negativa como punto de partida:

VNP: ¿Para qué abrir la Biblia? No se saca nada de ella. No vale la pena esforzarse. Hay algo muy malo en tu persona, y nada «espiritual» te va a sacar a flote. Cuando lees, las palabras quedan borrosas. Y ni trates siquiera de orar, porque no puedes llegar hasta Dios. Date por vencido.

NN: Es cierto que no *siento* deseos de hacer nada. Pero es una mentira creer que no *puedo* hacer nada. Por supuesto que *sí* puedo. Mis músculos no están paralizados, mis ojos no han quedado ciegos y mi cerebro no está muerto. No me voy a creer esa mentira de que si no me *siento* con energías es porque no *tengo* energía, o que no vale la pena orar si al hacerlo no puedo sentir la presencia de Dios. El Espíritu Santo puede enseñarme aun cuando no me siento bien.

VNP: ¿Qué tiene que ver la religión con tu estado de ánimo? No es más que una conducta supersticiosa y sin sentido. La religión no puede curar tu depresión. *Estás* deprimido; invocar a Dios no te hará sentir mejor.

La verdad es que no eres el tipo de persona «religiosa», de todos modos. Nunca te has llegado a sentir como esos

---

II-II Q35, p.58.

tipos super-espirituales que dan su testimonio en la iglesia. Siempre has tenido dudas. Es cierto que las enterraste y mantuviste las apariencias; pero en el fondo, muy en el fondo, sigues siendo esa misma persona sin valor y sin propósitos. Sé honesto y enfrenta el vacío de tu vida.

NN: Que yo me sienta mal no significa que nada tenga sentido. Dios entregó por mí la vida de su Hijo en la cruz. Eso le da sentido a la vida. Y sea que Dios me esté hablando o no ahora, sus acciones hablan más fuerte que las palabras. Sus acciones son una demostración de lo que valgo. El declara que yo tengo valor, aun cuando ahora me sienta sin fuerzas y sin sentido.

VNP: Si Dios te ama tanto, ¿por qué no sana tu depresión? No te estás mejorando ¿y de quién es la culpa? Dios podría ayudarte si realmente quisiera. ¿Dónde está? Quizás esté demasiado ocupado atendiendo al universo como para prestarte atención. No *sientes* que te esté escuchando, ¿verdad?

NN: No, no lo *siento*. Pero no me fío de mis emociones. Son inestables y cambiantes. Prefiero escuchar a Dios. Jesús era Dios, vino a la tierra para mostrarnos su amor. Jesús dijo: «¿No se venden dos pajarillos por un cuarto? Con todo, ni uno de ellos cae a tierra sin vuestro Padre. Pues aun vuestros cabellos están todos contados. Así que, no temáis; más valéis vosotros que muchos pajarillos» (Mateo 10.29-31). Yo creo en lo que dice.

VNP: Pero no son más que palabras. ¡Lo cierto es que sigues deprimido!

NN: El hecho es que cuanto más defiendo mi posición, mejor me siento. Por lo que a palabras se refiere, las tuyas son falsedades. Vienen del padre de la mentira.

Y las palabras de Dios son siempre impecablemente ciertas. «[...] Dios, que no miente, prometió esta vida desde antes del principio de los siglos, y a su debido tiempo manifestó su palabra» (Tito 1.2-3a). En segundo lugar, Dios es suficientemente grande como para respaldar sus palabras con acciones. Jesucristo vino y murió, y resucitó de los muertos[...] eso es *acción*. «He aquí que no se ha acortado la mano de Jehová para salvar, ni se ha agravado su oído para oír» (Isaías 59.1).

VNP: Eso *pudiera* ser cierto, pero, ¿qué de tus dudas? Tienes que creer para ser salvo y tú no eres más que una maraña de dudas, nervioso y desmoralizado.

NN: Eso no es cierto. En este momento tengo una mezcla de creencias en mi mente. Algunas son fuertes, otras débiles, algunas inclusive falsas. Y también tengo dudas. No soy perfecto todavía. Pero estoy creciendo en la verdad, tal como me la muestra el Espíritu Santo. Me estoy aferrando a la verdad de que Jesucristo es mi valor, mi justificación, mi esperanza y mi salud. No tengo por qué seguir deprimido y no lo voy a hacer. Es cierto que me resulta difícil levantarme y enfrentar la lucha, pero me hace bien. *Sí*, voy a leer la Palabra de Dios.

La brecha que la vieja naturaleza quiere abrir en nosotros no puede llegar muy lejos con este diálogo, por dos razones. Una es que la persona, aunque está deprimida, deliberadamente lucha contra las mentiras que el diablo promueve bajo la forma de falsas creencias. La otra es que la principal arma que esgrime la nueva naturaleza es la Palabra de Dios.

Usted también puede aprender a citar las Escrituras en su reflexión personal y será virtualmente invencible. Al hacerlo, encontrará que «Ninguna arma [falsa creencia] forjada contra ti prosperará, y condenarás toda lengua que se levante contra ti en juicio. Esta es la herencia de los siervos de Jehová, y su salvación de mí vendrá, dijo Jehová» (Isaías 54.17).

Cultivemos el arte de argumentar

Observe estos detalles en los diálogos que hemos leído:

Primero: la vieja naturaleza tiene un objetivo claro; abrir una brecha entre nosotros y Dios. Sólo sobrevive si lo logra, de lo contrario, resulta definitivamente condenada.

Segundo: la vieja naturaleza tiene el hábito de usar la mentira, dentro de un marco de veracidad. De modo que no espere que sólo diga falsedades. Debe rechazar el mensaje en forma global como una falsa creencia.

En tercer lugar: su vieja naturaleza está en una extraña situación; está *en* usted, pero no *es* su ser.

Hemos notado en la clínica que cuando los cristianos se someten a tests de personalidad, el perfil resultante a menudo describe su vieja naturaleza pecaminosa. Esto es así porque muchas de las preguntas se refieren al pasado. Cuando les presentamos la interpretación de estas pruebas, se ven descritos como personas irritables, ansiosas, culposas, temerosas, aisladas, hostiles, amenazantes, susceptibles, alienadas. A veces estas personas se sienten con dudas, porque ellos ya no se perciben de esa forma, pero a la vez reconocen que es una descripción acertada de su vieja naturaleza pecaminosa.

Si usted es cristiano, siempre tendrá que tratar con una naturaleza adicional que no tiene el incrédulo, porque usted tiene una nueva naturaleza. Recuerde, aunque *está* muerto a la vieja naturaleza pecaminosa, esta *no* está definitivamente muerta y procura recuperar su dominio.

En cuarto lugar: su nueva naturaleza tiene garantizada la victoria, porque el Espíritu de Dios, el Espíritu de verdad, es ahora su aliado y no puede fracasar. No siempre le parecerá así, porque la vieja naturaleza se tuerce y se retuerce en su afán por ocultarle la verdad.

Por último, debe saber que quien produce todas esas mentiras es Satanás, aun cuando su vieja naturaleza no lo admita. Estará tentado a creer que sus falsas creencias no están basadas en las mentiras del diablo, sino en fuentes tan aceptables como «los hechos», «lo que la mayoría de la gente piensa», «los resultados de la investigación científica», «las opiniones de los sicólogos» y «sus verdaderos sentimientos». Ninguno de estos es terreno seguro, porque ninguno de ellos posee la última verdad. De modo que debe desafiar a su vieja naturaleza pecaminosa cuando se afirme sobre cualquiera de estas fuentes no confiables. Identifíquese *siempre* con su nueva naturaleza.

La batalla que está enfrentando va a terminar. Quizás no tan pronto como le gustaría, pero antes de lo que la vieja naturaleza se lo admitiría. ¡De modo que pelee la buena batalla!

¿Qué pasa si el dolor vuelve?

No podrá triunfar si pretende que con una vez que reemplace el monólogo corrupto será suficiente. El sufrimiento puede volver. Y las falsas creencias sobre las que ese sufrimiento se construye, como son las armas de un Enemigo incansable, también van a volver.

Encontramos firmeza en estas palabras de David: «A Jehová he puesto siempre delante de mí; porque está a mi diestra, no seré conmovido» (Salmos 16.8). Es la firmeza que Pablo nos insta a tener cuando estamos en la lucha que no será precisamente un lecho de rosas. Lo que importa es la decisión de mantenernos firmes y no dejar que nos hagan tropezar. «Por lo demás, hermanos míos, fortaleceos en el Señor, y en el poder de su fuerza. Vestíos de toda la armadura de Dios, para que podáis estar firmes contra las asechanzas del diablo[...] para que podáis resistir en el día malo, y habiendo acabado todo, estar firmes. Estad, pues, firmes» (Efesios 6.10-14).

«Fortaleceos». «Estad firmes». Estas son palabras de las Escrituras. Levántese y discuta. Una y otra vez, y otra más. Está en lucha contra un Enemigo que no abandona el campo de batalla sólo porque lo haya enfrentado una vez. Debe de estar preparado para insistir con la verdad, para reemplazar constantemente las mentiras con la verdad de Dios, hasta que la mentira no pueda infiltrarse más en su mente.

Es posible lograrlo. Pero a menos que se aferre a la verdad de que Dios no lo abandonará en la agonía sino que le dará la victoria, no tendrá la fortaleza necesaria para perseverar en la lucha. Él *no* lo abandonará.

¡No importa cuánto esté sufriendo ahora, sino que llegará el momento en que dejará de sufrir y no volverá a sufrir nunca más!

VIAJE EN CANOA

INCENDIO FORESTAL

Junto a la ribera y hacia los montes,
se levantan oscuros troncos de pino,
rígidos testimonios de un incendio forestal;
En el medio, los robustos árboles jóvenes,
y sólo algunos centinelas altos y fornidos,
que siguen luchando,
lanzando sus magníficos follajes
hacia el cielo.

Me entregan el mensaje de que un incendio forestal,
que arrasa los arbustos y los árboles pequeños,
dejará a los más grandes ilesos,
y que reventarán las piñas cerradas
para hacer nacer
la nueva vida.

Cuando pases por el fuego,
no te quemarás,
ni la llama arderá en ti.
Porque yo Jehová, Dios tuyo,
el Santo de Israel,
soy tu Salvador[...]
Yo soy Jehová Dios tuyo,
que te enseña provechosamente.

ONCE

LECCIONES DE LA CIENCIA

En el capítulo anterior aprendimos acerca de cómo rebatirle a la vieja naturaleza pecaminosa. Como hemos visto, no basta tener la verdad plantada en nuestro cerebro. Debemos usarla como una espada y luchar por nuestra vida. Porque no cabe duda de que estamos inmersos en una lucha entre la vida y la muerte.

Pero bien sabemos muchos de nosotros que la guerra espiritual en la que estamos participando se lleva a cabo en terreno resbaladizo. El mal tiene muchas maneras de presentarse como algo atractivo, mientras que el bien nos parece aburrido y poco provechoso.

Creo que hay una falsa creencia primordial, muy difundida en nuestro tiempo, que puede debilitar nuestra posición espiritual. Quiero desenmascarar esta mentira. Uno de los errores más sutiles que debemos aprender a contrarrestar es éste: «No tiene nada de malo que contradiga los mandamientos de Dios. Mis acciones, sean buenas o malas, en realidad no tienen consecuencias. Lo mejor que puedo hacer es dejarme llevar y hacer lo que me da satisfacción».

La verdad es que *las acciones sí tienen consecuencias*. Dios, que sabe que los seres humanos nos motivamos en función de recompensas, incorporó esta dinámica en su sistema cuando nos creó. De modo que las acciones en su contra tienen malas consecuencias para nosotros. Y las acciones que están de acuerdo con su voluntad tienen buenas consecuencias en nosotros. Recordar esta verdad al enfrentar la tentación, puede ser lo único que nos ayude a querer mantener nuestra posición cuando otras fuerzas traten de persuadirnos a hacer lo contrario.

Puesto que estoy convencido de la importancia de que tengamos presente las consecuencias de nuestra conducta, quiero dedicar unas páginas a analizar una idea que puede sorprenderle. La ciencia verifica que vivir en paz con Dios y vivir la clase de vida que Él quiere que vivamos en conformidad con sus leyes, *es* la mejor manera de vivir. Ir en contra de Dios produce devastación en nuestra vida.

Y para introducir esta idea voy a mencionar a Margarita, que debía mantenerse firme en medio de enormes presiones.

Mantenerse firme

Tres semanas antes de su primera consulta, Margarita había salido de su trabajo en un hospital local, alrededor de las 11:20 pm. Mientras caminaba hacia su vehículo, se sintió repentinamente sobrecogida por el pánico. Aunque se sentía débil y mareada, logró conducir hasta su casa. No podía imaginar qué le estaría sucediendo. Y su estado continuó en las semanas siguientes.

Indagamos juntos las causas de su ansiedad. Finalmente, en nuestra tercera sesión, susurró: «Tengo algo que decirle, pero lo vengo postergando».

Reticente y ruborizada, describió de qué manera su amistad con un médico residente se había salido de cauce hasta convertirse en un romance. «No sé qué hacer. No quiero perderlo, pero no puedo dejar a mi esposo y a mis hijos; me siento tan mal, tan culpable. Sé que está mal, pero no sé qué hacer».

No pretendo simplificar la dinámica de la neurosis de Margarita, ni ofrecer una explicación universal de los ataques de ansiedad. Pero en el caso de esta mujer y de su particular estructura sicológica, los síntomas de pánico eran la consecuencia de la brecha que había abierto con Dios por dar lugar a sus falsas creencias. Mientras trabajamos su conflicto, Margarita llegó por sí misma a la siguiente conclusión:

«Me he estado engañando» dijo. «He querido suponer que un romance ilícito era *bueno* para mí porque no estaba recibiendo suficiente amor en mi matrimonio. Alimenté la idea de que la moralidad tradicional está pasada de moda, que Dios no podría oponerse a algo tan hermoso como el amor humano, que lo que estoy haciendo no hace mal a nadie y puedo mantenerlo oculto. Ahora me doy cuenta de que nada de esto es cierto. Este romance decididamente *no* ha sido bueno para mí. De hecho, me ha enfermado, que es exactamente lo que la Palabra de Dios había predicho que sucedería. Aunque sea hermoso estar con Daniel, la mayor parte del tiempo me siento mal. Me siento muy mal. Ahora veo la verdad» afirmó. «Dios me ama infinitamente y nunca me ordenaría nada que fuera dañino o negativo para mí. Voy a confiar en su Palabra y voy a dejar de ver a Daniel. No será fácil, porque *es* gratificante estar con alguien que se interesa tanto por mí. Pero no quiero sufrir más ataques de ansiedad. Y lo que es más, no quiero sufrir una brecha con mi Padre celestial. Estar reconciliada con Él vale mucho más que todo lo que pueda perder al renunciar a Daniel. ¡Aunque no sienta de inmediato el bienestar que me ha prometido voy a confiar en Dios y voy a esperar a disfrutar de las consecuencias positivas que Él ha prometido a los que confían en su verdad!»

Me sentí impactado por su determinación, pero no me sorprendí en absoluto de la lucha que tuvo que sobrellevar para llevar a cabo su decisión.

Como era de imaginar, no le fue fácil cortar definitivamente con Daniel. Una vez que lo hizo, él insistió en vencer su resistencia y la asediaba buscando citas. Luego se enojó, la telefoneaba a su casa y la molestaba en el trabajo. Hasta la amenazó con delatarla ante su esposo. Finalmente se negó a hablar con ella a excepción del intercambio elemental en el trabajo.

Todo esto fue muy doloroso, pero Margarita mantuvo su decisión diciéndose la verdad: su brecha con Dios estaba sanada. Y su matrimonio, que ella ya consideraba muerto, empezó a recuperar ternura y belleza. Pudo relajarse y sentirse libre de la culpa que le producía tanta ansiedad. Lentamente los ataques de pánico llegaron a ser cosa del pasado y los olvidó completamente.

En nuestro último encuentro, Margarita me pidió que contara su historia a otros, para que ellos pudieran ver que cuando se sana la brecha con Dios los beneficios que trae son inimaginables: la perla de gran precio. Hay buena evidencia, tal como lo descubrió Margarita, de que caminar con Dios es lo mejor para nuestra vida.

Ahora bien, este es el aspecto interesante y científico del asunto. Resumiré a continuación algunos resultados de la investigación que ofrecen más evidencia acerca de estas consecuencias. Pueden ayudarle a seguir adelante aferrado a la verdad de Dios aun cuando una conducta contraria le pudiera parecer más atractiva.

La investigación y la brecha con Dios

¿Afirma la investigación científica que la persona que basa su vida en la obediencia a Dios de hecho *vive mejor* que el que no lo hace?

Puede sorprendernos que los científicos hayan llevado a cabo investigaciones a partir de preguntas como ésta. Han considerado las consecuencias del pecado en general, de conducir en estado de ebriedad, del sexo fuera del matrimonio, de la oración por los enfermos, del compromiso cristiano sincero, etc. ¡Y le sorprenderá aún más que han llegado a la conclusión de que aquellos que han superado los sufrimientos en la vida, y ahora viven en paz con Dios, viven mejor!

Considere estos sorprendentes ejemplos y recuérdelos la próxima vez que su vieja naturaleza trate de convencerlo de que el desacuerdo con Dios, no tiene ninguna consecuencia. A diferencia de la persona que anda en la falsedad y mantiene un abismo de separación con Dios, la persona veraz tiende a ser:

- más plena, con su potencial más realizado
- más tierna
- más razonable
- es más probable que tenga un propósito en la vida
- más atenta a los cambios positivos en actitudes y emociones

- más preocupado por los otros
- con una actitud más adecuada hacia sí mismo, hacia Dios y los demás
- más confiable
- más cooperativo
- más auto-controlado
- más tolerante
- más libre de dudas sobre sí mismo
- más sociable
- más responsable
- más maduro socialmente
- produce una buena impresión
- se adapta mejor y logra mejores resultados por su eficiencia intelectual
- menos ansiosa, sabe superar mejor las pequeñas preocupaciones
- es más probable que disfrute de armonía matrimonial
- de sexualidad más sana
- de mente y espíritu más sanos, por llevar una adecuada vida de oración
- más sana físicamente (menos presión alta, menos problemas cardíacos, altos índices de supervivencia al cáncer)
- es probable que viva más y teme menos a la muerte [1]
- menos proclive a la culpa y la ansiedad
- menos proclive a asumir conductas riesgosas y suicidas
- menos atrapada por metas referidas a la prosperidad económica, el prestigio y el bienestar material
- menos neurótica

---

[1] Quienes quieran analizar con más detalle estas conclusiones pueden encontrar la documentación de referencia al final del capítulo.

- menos posibilidades de fracaso matrimonial
- menos posibilidades de tener hijos con tendencias delictivas
- menos tendencia a ser atrapados por la adicción a las drogas o el alcohol
- menos tendencia a abusar de las drogas
- menos tendencia a fumar tabaco
- como adolescentes, menos tendencia al alcohol [2]

Sí, la ciencia afirma que aquellos que oran y confían que Dios responde la oración, viven vidas más sanas. La oración, por supuesto, es el puente mental/espiritual que nos conduce a Dios. Si ese puente queda destruido por la ira o las dudas, caemos en un abismo al vivir apartados de Dios.

¿Puede sorprender que una de las verdades más atacadas sea la verdad acerca de la oración? Quizás se haya escuchado a sí mismo diciendo o pensando algo así: «La oración no lleva a ninguna parte. De todos modos, seguramente, Dios no va a contestar. ¡Basta pensar en todas las personas que estarían sanas y fuertes ahora si la oración realmente funcionara! Olvídate de Dios. Tienes que ayudarte a ti mismo porque nadie más va a ayudarte».

Si eso es lo que suele pensar, eso contradice el amor de Dios, que es precisamente la piedra clave que debemos ubicar en el puente que cruza el abismo. «*Dios es amor*»; ese es el principal sostén por encima de cualquier circunstancia trágica (véase 1 de Juan 4.8).

---

2 El Dr. William Wilson, reconocido siquiatra e investigador, nos proveyó generosamente una bibliografía sobre religión y salud. Algunas de estas comprobaciones, que tomamos de sus estudios, documentan los resultados positivos que logran los adventistas, que resultan, en parte, de los hábitos de dieta. Como se basan en las leyes del Antiguo Testamento que Dios proveyó a su pueblo largo tiempo atrás, estos resultados son una evidencia adicional de las bendiciones que resultan de una relación sólida y en paz con Dios.

En cuanto al tema específico de la oración, la Biblia nos afirma repetidas veces que Dios sí oye y responde a la oración. He aquí algunos ejemplos:

Salmos 6.9: «Jehová ha oído mi ruego; ha recibido Jehová mi oración».

Salmos 55.16: «En cuanto a mí, a Dios clamaré; y Jehová me salvará».

Jeremías 33.3: «Clama a mí, y yo te responderé, y te enseñaré cosas grandes y ocultas que tú no conoces».

Mateo 7.7, 8: «Jesús dijo: Pedid[...] buscad[...] llamad[...] Porque todo aquel que pide, recibe; y el que busca, halla; y al que llama, se le abrirá».

Juan 14.14: «Dijo Jesús: Si algo pidiereis en mi nombre, yo lo haré».[3]

Recientemente, un experimento bien diseñado confirmó la promesa bíblica de que la oración de intercesión por el enfermo tiene poderosas consecuencias. Por tratarse de un ejemplo casi perfecto de lo que es una correcta metodología de investigación, sus conclusiones son aún más impactantes que los relatos de casos individuales.

La fascinante investigación llevada a cabo por el Dr. Randolph C. Byrd[4] demostró que los pacientes de la Unidad Coronaria por quienes se hacía oración mostraban mejor y más rápida recu-

---

[3] Aquí hay una lista de otros pasajes que documentan el compromiso de Dios a responder a la oración que está conforme a su voluntad y que ha sido hecha por una persona que está en buena relación con Él: Salmos 5.3; 65.2-5; 66.19; 86.6-7; 91.15; 102.17; Proverbios 15.8, 29; Isaías 30.19; 58.9; 65.24; Jeremías 29.12; Joel 2.19; Mateo 6.5-6; 7.11; 18.19; 21.22; Marcos 11.24; 14.38-39; Juan 1.7, 16; 16.23, 24, 26; Romanos 12.12; 1 Tesalonicenses 5.17; 1 Timoteo 2.8; Santiago 1.5-6; 4.2-3; 5.13-16; 1 Juan 3.22; 5.14-16. ¿Por qué no memorizar algunas o todas de estas veraces y confiables palabras, si descubre que hablan directamente a su vida?

---

[4] De la División de Cardiología del San Francisco Medical Center y del Departamento de Medicina de la Universidad de California, San Francisco.

peración que aquellos que sólo recibían el tratamiento médico, sin oración. Los resultados no podían atribuirse al poder de la sugestión o a factores circunstanciales. El informe del Dr. Byrd, publicado en un reciente número de la *Southern Medical Journal*, puede abrirnos los ojos al respecto.

Se incluyeron en el experimento dos grupos idénticos de pacientes. En uno de los grupos, cada uno de los pacientes recibía oración a diario y en forma personal por un cristiano que creía firmemente que Dios obra sanidad. Los miembros del otro grupo recibían tratamiento sin oración durante el experimento. Cada voluntario oraba por un paciente en particular, en su propia casa, de tal manera que nadie en el hospital, incluyendo a los propios enfermos, supiera cuáles de los pacientes estaban incluidos en el grupo de oración y cuáles no. Este recaudo fue considerado especialmente importante, para evitar cualquier posibilidad de atribuir los resultados al poder de la sugestión.[5]

Los resultados: aquellos pacientes por los que se hacía oración requerían menos asistencia respiratoria, menos antibióticos y diuréticos. También evidenciaron menor gravedad en la afección después que se empezó a orar por ellos y durante toda su permanencia en el hospital. Antes de iniciar el proceso se evaluó a todos los pacientes y ambos grupos resultaron iguales respecto a esos indicadores. De modo que la única razón que explicaba la posterior diferencia era la oración.

----

5 Para lectores interesados en diseño de investigación, el Dr. Byrd utilizó grupos formados al azar, con un grupo de 192 sujetos de observación y un grupo testigo con 201 sujetos. No se encontraron diferencias significativas al comienzo del tratamiento, pero el grupo bajo control evidenció una significativa merma en la afección durante la permanencia en el hospital (p < .01). El análisis combinado permitió separar a los grupos sobre la base de las variables resultantes (p < .0001). Los pacientes del grupo testigo requirieron asistencia de ventilación respiratoria, antibióticos y diuréticos con mayor frecuencia que los pacientes por quienes se oraba. Aun más, como obviamente era imposible que el Dr. Byrd tuviera la certeza de que ningún amigo o pariente estuviera orando por al menos alguno de los pacientes en el grupo testigo, podemos deducir que los resultados son menos espectaculares que si nadie en absoluto estuviera orando por los pacientes del grupo testigo.

Estos resultados son una sólida evidencia de que la oración de un hombre o una mujer que está viviendo en la verdad tiene poderosos resultados.

Algunas consecuencias negativas de vivir en base a falsas creencias

A veces nuestras falsas creencias nos tientan. Parecen tan plausibles, al instarnos a considerarnos a nosotros mismos como maltratados por Dios, o quizás privados del «disfrute» que nos parece que otros gozan al desobedecer. «Dios y sus leyes no son buenos», es la premisa de esta radical creencia errónea.

Dicho de esa forma, parece tan estúpida que la mayoría de nosotros estaría listo a rechazarla. Pero nuestra vieja naturaleza rara vez expresa su mensaje de esa forma. En cambio, las falsas creencias toman la forma de insinuaciones como estas: «Los Diez Mandamientos son antiguos y están superados. Han dejado de ser pertinentes, ni siquiera son veraces. Todo lo que hacen es impedir que nos expresemos plenamente. La verdadera libertad viene de dar rienda suelta a cada uno de nuestros deseos. Lo que Dios quiere es reprimirnos».

Pero la verdad es que Dios y su Palabra son la única guía confiable hacia el bien. Las «tendencias» de la sociedad tienen poco que ofrecer, en realidad, en lo que respecta a vivir bien.

Un ejemplo para el que tenemos evidencias empíricas es el abuso del alcohol. Aunque Dios lo ha prohibido, muchas personas consideran que celebrar, es sinónimo de emborracharse, olvidar los problemas y divertirse. El Centro Nacional de Control de las Enfermedades ha provisto información, cuidadosamente procesada, acerca de las consecuencias del abuso del alcohol, demostrando que los accidentes automovilísticos en un 85%, incluyen al menos a un conductor ebrio. Casi la mitad de los peatones adultos, fatalmente atropellados, estaban ebrios en el momento del accidente.

Otro de los frecuentes desacuerdos con Dios se refiere al sexo. Los escritores y los productores de cine y televisión han ridiculizado la verdad de Dios acerca de la moralidad sexual. Personas que abiertamente reemplazan las verdades reveladas por

Dios con sus propias conclusiones, nos aseguran que hoy por hoy no hay nada que temer si se rompen las reglas tradicionales. Así, una amplia capa de la población se ha lanzado a probar la «nueva moral».

El resultado ha sido costoso en términos de vidas arruinadas. Uno de nuestros grandes problemas sociales es el embarazo de las adolescentes; el otro es el aumento de los hogares con un solo padre que reciben ayuda estatal para mantenerse. El aborto, no sólo ha cobrado miles de vidas sin nacer cada día, si no que ha destruido la esencia misma de la sociedad. Los médicos enfrentan un creciente número de personas, jóvenes y adultas, que padecen de enfermedades de transmisión sexual, desde la sífilis y las afecciones genitales, hasta el SIDA.

Mencionaré sólo una conclusión impactante de una investigación realizada en el área de la conducta sexual. De acuerdo a los estudios de la Oficina Nacional de Investigación Económica, las parejas que conviven antes de casarse tienen un 80% más de divorcios que las que no lo hacen. Los autores del estudio advierten que no debe inferirse que la *causa* del divorcio sea el hecho de haber convivido antes del matrimonio. Podría ser que tanto el vivir juntos como el divorciarse, provengan de las mismas falsas creencias: que está bien hacer lo que uno desea hacer, sin límites de ninguna clase. En cualquier caso, el resultado es siempre el mismo: relaciones rotas, sufrimiento emocional, dificultades financieras y mucho, o casi ningún beneficio.

Cuando uno se está resbalando

Supongamos que está luchando con bríos en la batalla contra los falsos conceptos, contra sus enojos con Dios, las dudas acerca de su revelación y de que el bien realmente puede existir. Supongamos que ha empezado a sentir que es más fácil alejarse de Dios que batallar en medio de la tormenta. Prestemos atención a lo que pudiera ser la reflexión:

VNP: Mira cómo te trata Dios, después de todo lo que te esforzaste y de lo fiel que fuiste. Quizás en tu caso *no* haya buenos resultados de tanto trabajo duro. ¿Cuánto tiempo piensas que puedes mantener semejante esfuerzo? No te lleva a ninguna parte «decirte la verdad acerca del bien». ¡Lo que estás tratando de hacer no tiene sentido! Ríndete y entrégate. Eres muy tonto al esforzarte tanto, mientras otros siguen adelante sin preocuparse.

Este es el momento de advertirte a ti mismo sobre las consecuencias. Tu nueva naturaleza puede decir algo así:

NN: Todo esto lo inventa el padre de la mentira. La Palabra de Dios describe las consecuencias de esa actitud en casi cada una de sus páginas: «Temed a Jehová, vosotros sus santos, pues nada falta a los que le temen. Los leoncillos necesitan, y tienen hambre; pero los que buscan a Jehová no tendrán falta de ningún bien» (Salmos 34.9, 10). Sé que resulta atractivo desviarme de Dios en este asunto. Pero ya he podido comprobar las consecuencias negativas de confiar en las propias ideas respecto a lo que es bueno, en lugar de depender de Dios. No, yo me quedo con Él. Dios me ama y me va a proteger en este tiempo de conflicto y tentación. Ya pasará esto.

Quizás haya llegado antes a este punto de la tentación y cruzó la línea en desacuerdo con Dios. Quizás trató de decirse la verdad. Quizás rebatió a su vieja naturaleza pecaminosa y aun así decidió apartarse de Dios, aunque sea momentáneamente, para hacer cosas que parecían buenas y atractivas. Luego se siente como un perro que vuelve arrastrándose hacia su amo, con el rabo entre las patas.

Quiero hacerle conocer un arma secreta más que usa la vieja naturaleza, un falso concepto más que usará para separarlo de Dios. Es el siguiente: «Es horrible y vergonzoso dejar que Dios sepa que te sientes atraído por el pecado. No le digas nada cuando estés en tentación. Escóndete. Él quiere que sus hijos sean fuertes, ¿qué va a pensar si se entera de lo débil que eres? ¿Qué pensará si sabe lo atractivo que te resulta el pecado?»

Por si acaso no esté consciente de ello, Dios *ya conoce* todas sus debilidades. Ya sabe qué es lo que lo tienta. Y no se siente impactado por ello, decepcionado, ni ofendido. Como lo expresó David: «Él conoce nuestra condición; se acuerda de que somos polvo» (Salmos 103.14).

Cuando esté tentado a disentir con Dios y dé el primer paso para alejarse de Él, le recomiendo que en ese mismo instante se vuelva *hacia* Él y le diga: «Señor, ya sabes que me siento tentado. Ya ves de qué manera el enemigo me inunda de falsas creencias. Necesito que me ayudes a mantener los ojos en ti, porque casi te pierdo de vista en esta batalla».

Dios nos dice cuál va a ser su respuesta cuando uno de los suyos clame a Él en medio de la refriega espiritual: «Invócame en el día de la angustia; te libraré, y tú me honrarás» (Salmos 50.15).

Eso es, en el momento mismo en que sea tentado, esté sufriendo o esté airado, sintiéndose espiritualmente frío, *invoque a Dios*. Los que somos cristianos decimos que la salvación es obra de la gracia de Dios. Pero olvidamos que la salvación es algo más que ser salvados del infierno. Dios quiere salvarnos del dolor que nos produciría decir que somos suyos y a la vez vivir como si no lo fuéramos. David, que pasó por muchas dificultades que él mismo se buscó, más las que hombres malvados le producían, mantenía el control de su alma diciéndose: «Pero yo cantaré de tu poder, y alabaré de mañana tu misericordia; porque has sido mi amparo y refugio en el día de mi angustia» (Salmos 59.16).

También puedo prometerle, por mi propia experiencia y por incontables relatos de otras personas, que si se vuelve a Dios en el mismo momento en que la voz dentro de usted le dice que se aleje de Él, Dios extenderá su mano de amor y lo sostendrá con fuerza para que no caiga.

Lo cierto es que Dios no es como nosotros. Él no siente su ego herido por cualquier asomo de desacuerdo que le manifestemos. No nos empuja cuando nos ve débiles, ni expresa con amargura: «Si crees que sabes tanto, adelante, haz la tuya. ¡Pero te arrepentirás!»

Él sólo espera autenticidad y honestidad todo el tiempo y en cualquier circunstancia. La simulación espiritual no logra otra cosa que mantenernos alejados de Dios. La próxima vez que sienta que se está resbalando y alejando de Él, y se sienta avergonzado de admitírselo, piense en este pasaje escrito por el apóstol Juan:

> Si decimos que no tenemos pecado, nos engañamos a nosotros mismos, y la verdad no está en nosotros. Si confesamos nuestros pecados, él es fiel y justo para perdonar nuestros pecados, y limpiarnos de toda maldad (1 Juan 1. 8-9).

He aquí una plegaria que le recomiendo calurosamente que conserve en su arsenal espiritual, para cuando esté pasando por un momento de debilidad:

> Señor, tú sabes lo que estoy pensando en este mismo momento. Tú sabes qué es lo que quiero hacer en desobediencia a ti. No voy a mantener las apariencias delante de ti; confieso que buena parte de mi ser quiere hacer su voluntad. Esta es la base de mi debilidad. Es el frente de batalla y mi vieja naturaleza está tratando de arrastrarme y hacerme esclavo otra vez. Pero no quiero alejarme de ti ni vivir de acuerdo con mentiras. Ayúdame ahora mismo, rodeándome con tu Espíritu como una fortaleza de verdad. Haz que la verdad sea tan fuerte en mi mente y en mi espíritu, que no sólo piense en ella sino que *viva* según ella. Sé que moras en mí y que eres más poderoso que cualquier otra fuerza en este mundo.

VIAJE EN CANOA

RESTAURACIÓN

Delicada campiña,
tú también fuiste arrasada
    por el hacha cruel,
sin embargo ahora nos incitas
en arcos esplendorosos,
fascinándonos desde aguas tachonadas de perlas,
haciéndonos descansar en mullidas praderas
    del más fino musgo,
llamándonos a la adoración en solemnes catedrales
    en la melodía del viento.

Y bendijo Jehová el postrer estado [de Job]
más que el primero.

DOCE

LA BRECHA SANADA

Quizás haya leído otros libros de «auto-ayuda», cada uno de los cuales ha promovido una forma de vida, ha sugerido cambios, o al menos, ha promovido nuevas percepciones. Cada uno de ellos se basa en el supuesto de que es posible mejorar las cosas aplicando el programa que sugieren. Quizás se pregunte si las sugerencias que ofrece *este* libro pueden producir resultados que justifiquen el esfuerzo de probar.

He tratado de responder esta pregunta de dos maneras:

(1) mostrando lo que la Biblia dice acerca de los resultados; (2) mostrando los resultados de la investigación científica. Ambos demuestran que sí resulta provechoso volver a Dios.

Una fuente más de evidencia es mi propia experiencia personal. He compartido con ustedes cómo se inició mi propia brecha con Dios, cómo se ensanchó y también cómo fue sanada. Ahora quiero compartir algo más de mi propia experiencia. Creo que provee un ejemplo, de cómo al estar de acuerdo con Dios, hace toda la diferencia aun en medio de una catástrofe.

La explosión

El 21 de noviembre de 1985 estaba de pie, frente a la estufa, mirando hacia dentro. Al regresar ese día a casa supe que Candy no había logrado hacer las cuentas del banco, porque casi no podía pensar a causa de los gases que estaba inhalando de nuestra estufa a queroseno. El olor, que permeaba toda la casa, indicaba que el problema se debía a una combustión incompleta.

El mismo problema había sucedido antes y yo había podido solucionarlo. De modo que corrí escaleras abajo, abrí la caja y comprobé el desperfecto. Un pequeño trozo de carbón se había instalado sobre la aguja que inyecta el queroseno en la cámara de combustión. Parte del aceite había quedado sin quemarse y se había formado una lagunita en la cámara. Hice lo que ya había hecho en ocasiones anteriores. Tomé una herramienta y rompí el trocito de carbón. No hubo problemas en romperlo, pero un pedacito estaba al rojo vivo. Cuando ese trozo entró en contacto con el charco de aceite caliente, se produjo una explosión que reventó el cuerpo de la estufa y disparó queroseno ardiendo sobre mis brazos, rostro y cabeza.

Parecía una antorcha viviente.

Corrí hacia la sala y rodé sobre la alfombra para apagar las llamas. *Voy a morir,* pensé. Y al mismo tiempo, me inundó una calma que ni siquiera ahora puedo creer. Mientras, Candy había oído la explosión y había corrido escaleras abajo, preguntándose si me encontraría vivo o muerto. Cuando me vio, las llamas ya estaban extinguidas; yo todavía estaba consciente y respiraba con normalidad. (Luego supe que en este tipo de accidentes, a veces la traquea se inflama al punto de no poder respirar.) Cuando me vio echó mano a su formación como azafata de avión. «¡A la ducha! ¡Abre el agua fría y mójate brazos y cara!»

De alguna forma pude encontrar mis pies y llegar hasta la ducha. Mientras el agua corría sobre mi cuerpo pude ver las tiras de piel colgando desde la cara y el dorso de las manos.

De pronto, allí en la ducha, tomé conciencia de lo que estaba haciendo: ¡Estaba alabando a Dios a viva voz! Sonaba horriblemente ruidoso y de un timbre un tanto peculiar. ¿Por qué estaba cantando en un momento como ese? Me pregunté si me habría deslizado hacia la locura. Fuerte y nítida, la alabanza siguió brotando de mis labios, aun cuando me daba cuenta que no sabía si sobreviviría al accidente.

Candy, por su parte, había discado el número de emergencia, y los bomberos y paramédicos ya estaban en camino. Mientras el humo negro llenaba todo el sótano, yo logré gatear escaleras arriba. Quedé acostado en el piso frente a la puerta, y aunque estaba entrando en shock, pasé un cuarto de hora temblando y alabando a Dios... (A esta altura era *Candy* la que se preguntaba qué anormalidad sería la mía...)

Luego me llevaron al famoso centro de atención de quemados en el Ramsey County Hospital, de St. Paul. Allí me sumergieron en una ardiente batea llena de agua caliente clorada y una extraordinaria enfermera se ocupó de mí. De alguna forma logró trasmitirme afecto, a la vez que me infringía un indecible dolor arrancándome trozos de piel quemada. Seguramente la morfina ayudaba. Y mi corazón seguía lleno de alabanzas a Dios. Por cierto, a esta altura no podía creer en lo que hacía pero no estaba dispuesto a detenerme.

Después del raspado y del vendaje, me dieron una cómoda cama junto a un gran ventanal que daba hacia la ciudad.

Una vez que Candy se sintió segura de que yo iba a poder soportarlo, la instaron a ir a descansar a la casa de una amiga. Estaba solo y mi mente totalmente despejada. Por la ventana podía ver la ciudad de St. Paul, que ya hacía rato se había dormido. La luna, enorme en el cielo invernal, iluminaba la hermosa vista que se desplegaba ante mis ojos. No dormí esa noche, sino que me quedé mirando las luces por la ventana y a medida que amanecía, el tráfico creciente por la autopista. Nadie podía anticipar qué porcentaje de mi rostro y de mis manos saldrían intactos de los vendajes, o si me haría falta hacer injertos de piel. Sin embargo... todo el tiempo seguí alabando a Dios el Padre y a mi Señor Jesucristo por su bondad.

Durante los largos meses de convalecencia hubo muchas más lecciones dolorosas, como las vendas que usé durante semanas y luego los guantes compresores que me prescribieron para evitar que las costras se abrieran exponiendo la carne viva cada mañana. Fue un tiempo de severa restricción a mis actividades, porque no podía exponer la piel al sol ni a las temperaturas muy frías... ¡Un verdadero problema en Minnesota! Aunque sentí dolores, como nunca antes lo había sentido, sabía y recordaba que *Dios es bueno*.

Los médicos esperaban que entrara en una depresión, que parece ser el curso lógico de los quemados. Pero no ocurrió. En lugar de eso —y ése es el misterio— era justo en los momentos en que el dolor llegaba a límites insoportables, cuando más cerca me sentía de Dios.

Aun entonces me preguntaba el porqué mi reacción era tan distinta, a la que tiempo atrás había tenido ante el divorcio. ¿Cómo podía ser que la misma persona que en determinadas circunstancias había maldecido y acusado a Dios, ahora lo alababa en circunstancias igualmente negativas? Obviamente, algo había cambiado.

Entre aquella noche años atrás en la que conducía a casa gritándole a Dios y esta otra en la que yacía en el hospital, sin saber cuánto de mi rostro volvería a ver, había habido una transformación interior. Y había ocurrido porque Dios había revelado su verdad en una forma renovada.

En lugar de alejarme de Dios y mirar sobre mi hombro, blasfemando y acusándolo, pude aprender nuevas lecciones a partir del sufrimiento. Aprendí, por ejemplo, cómo acercarme a Dios en la catástrofe, en lugar de abrir una brecha. Aprendí a cómo dejar todo en las manos de Dios, no importa cuáles fueran las circunstancias, porque Él sabe darnos lo mejor. Pude asegurarme a mí mismo de la absoluta confiabilidad de la promesa de Dios: «Cuando pases por el fuego, no te quemarás, ni la llama arderá en ti. Porque yo Jehová, Dios tuyo, el Santo de Israel, soy tu Salvador» (Isaías 43.2-3). Para mí, este pasaje era la garantía que Dios me daba de que, aunque parte de mi cuerpo quedara destruido, ninguna conflagración podría jamás alcanzar mi verdadero ser, mi alma.

Si se niega a alejarse de Dios, la tragedia y la tentación en realidad pueden llevarlo a un conocimiento más pleno de la verdad del que nunca había tenido: *Nada* puede separarlo del amor de Dios que es en Cristo Jesús.

He aquí algunas de las verdades que el dolor y la pérdida pueden enseñarnos:

La verdad de la presencia real de Dios. El domingo anterior a la explosión, yo había terminado de dictar un curso sobre el libro de Job. Aunque habíamos encontrado mucha sabiduría contenida en el libro, yo había tenido que confesarles a mis alumnos: «Creo que no alcanzo a captar lo que realmente está diciendo este libro».

Durante las diez semanas de estudio habían fallecido dos de los estudiantes y varios otros habían enfrentado tremendas catástrofes personales. Y cuando terminó el curso, yo me quemé. *Entonces, entendí a Job* y cómo a veces hay que atravesar el valle del sufrimiento para alcanzar una cumbre, la más exaltada experiencia de la vida. Entonces, sólo al final del libro, después que ha sufrido la pérdida, el dolor y la sensación de haber sido rechazado por Dios, llega Job a captar el sentido de todo eso: «De oídas te había oído; *pero ahora mis ojos te ven*» (Job 42.5). Ver, conocer, tocar, experimentar, percibir, *encontrar* a Dios, ese era el propósito último del sufrimiento de Job.

En cierta ocasión, después de una sesión terriblemente dolorosa de raspado de mi piel, sufría tanto que la cama se sacudía a causa de mis temblores. Candy estaba allí, sufriendo por mí, preguntándome de qué forma podía ayudarme. Yo sólo podía responder sinceramente: «Estoy tocando el trono de Dios en este momento. No sientas pena por mí».

Es cierto y alguien debe decirlo: es en medio de la angustia, cuando podemos conocer mejor que en ninguna otra circunstancia la maravillosa presencia de Dios, siempre que sepamos la verdad y la tengamos grabada en nuestro corazón.

Segundo, el dolor y la pérdida pueden enseñarnos que es posible soportar condiciones extremas. Una de mis falsas creencias solía ser: «No podría tolerar que me ocurriera algo realmente terrible. No podría soportar el sufrimiento». Quizás también piense, por lo bajo, que es una persona frágil, débil, demasiado endeble como para sobrevivir una pérdida o una gran agonía. De modo que se repite a sí mismo, lo terrible que sería si eso llegara a suceder y cuán destruido quedaría.

Si nunca ha leído los primeros pasajes del libro de Job, le insto a que lo haga cuanto antes. Allí aprendemos que Dios establece límites concretos a Satanás. Si tiene un miedo feroz a no poder soportar el sufrimiento, quizás le sirva de algo mi propia experiencia. Yo pensaba así antes. Pero ahora sé que no es así. Dios pone límites a lo que pueden provocarnos las «llamas» de la adversidad. Pueden, como expresa un himno, «consumir lo que es basura» y «refinar el oro», pero no pueden hacernos verdadero daño. *Podemos* sobrevivir.

En tercer lugar, podemos aprender la verdad de que el resultado será favorable. Años atrás yo tenía la falsa creencia de que las cosas siempre irían de mal en peor. Si sucede el mal A, luego ocurrirá el B, después de lo cual vendrá la desgracia C y eso traerá en consecuencia el mal D. Y esa tragedia D será *tan* mala, que nada podría ser peor. Que absurdo me pareció ese pesimismo cuando, recientemente, entrevisté a un joven creyente que presentaba un cuadro avanzado de SIDA.

Estábamos en una conferencia y la entrevista era pública, en el escenario, para ilustración de los participantes. En el curso de una de sus respuestas, José dijo algo que nunca olvidaré: «No cambiaría lo que el SIDA me ha enseñado por recuperar la salud, aun si pudiera». Lo decía a sabiendas de que el desarrollo de su enfermedad, pronto acabaría con su joven vida. Para él, el bien que había ganado hacía tolerable el mal que estaba sufriendo.

¿Qué hace la diferencia?

Me preocupa que al leer este capítulo usted diga: «¡Bravo, amigo! Qué bueno que haya salido adelante de esa manera. ¡Pero yo no soy tan afortunado como usted y todo lo que su relato logra es aumentar mi sensación de alienación y sufrimiento!» O quizás diga: «Mis pecados son demasiado importantes para mí. No puedo renunciar a ellos. Su relato me parece un cuento de hadas. Usted no podría entenderme a mí».

Usted puede tener razón, pero sólo parcialmente. Sí, su tragedia puede ser peor de lo que yo jamás haya conocido. Sus pecados le pueden parecer vitales.

Si no cree en *mí*, créale a Dios. Él dice que no hay tragedia tan grande que pueda superar su amor:

Por tanto, no desmayamos; antes aunque este nuestro hombre exterior se va desgastando, el interior no obstante se renueva de día en día. Porque esta leve tribulación momentánea produce en nosotros un cada vez más excelente y eterno peso de gloria; no mirando nosotros las cosas que se ven, sino las que no se ven; pues las cosas que se ven son temporales, pero las que no se ven son eternas (2 Corintios 4.16-18).

Y no hay pecado, por importante que sea, que compense la pérdida del alma. Jesús dijo:

No temáis a los que matan el cuerpo, más el alma no pueden matar; temed más bien a aquel que puede destruir el alma y el cuerpo en el infierno (Mateo 10.28)

Usted también puede tener ahora mismo la verdad de Dios tan viva en su ser, que podrá gozar de armonía y paz con Dios, no importa qué le suceda. La brecha puede ser sanada. Eso fue lo que hizo la diferencia en mi caso. Es lo que hace una diferencia llena de esperanza, día a día, paso a paso, para personas como Irene Gifford, cuya historia aparece al principio de este libro. Desde la más desoladora de las experiencias, desde el más lejano borde del abismo que nos separa de Dios, podemos volver a estar cerca de Él, ser sus amigos, sin nada que nos separe, ni siquiera la amargura del pecado o de la muerte (véase Colosenses 1.21-23). Es una transformación interior la que necesitamos, como Irene tan poéticamente lo describe:

AMANECER GLORIOSO

Semilla oscura y endurecida
    en una vaina reseca,
arrojada sobre la tierra
    en pleno invierno.
¿Cómo podías encerrar tanta vida,

y romper la celda
para vivir de nuevo?

Enramada verde y vibrante
extendiendo los brazos
en una danza exuberante,
enlazándose,
estirándose y lanzándose,
por encima y a través
de cercas y jardines,
como una profusión de alabanza.

Corolas brillantes,
que se abren enteras
para dar y recibir.
Son para mí
una parábola
de la Resurrección.

Porque se tocará la trompeta,
y los muertos serán resucitados
incorruptibles,
y nosotros seremos transformados[...]

Esta transformación empieza cuando la verdad de Dios se enraiza y produce frutos en usted. Tómese un momento ahora mismo para orar. Es mi deseo que eleve esta plegaria *de todo corazón*:

Señor, sana la brecha que mis pecados y mis falsas creencias han abierto. Envía tu Espíritu a sembrar la verdad en mi corazón. Ilumina las discusiones que tengo contra ti acerca de lo que es bueno. Toca mi voluntad para que pueda estar de acuerdo contigo; por el don de la fe quiero alcanzar la armonía y la comunión contigo. Por Cristo Jesús, mi Salvador. Amén.